重构班级生态

德育导师制下的
带班轻创意

俞成效 ◎ 著

U0747562

中国纺织出版社有限公司

图书在版编目（CIP）数据

重构班级生态：德育导师制下的带班轻创意／俞成
效著. -- 北京：中国纺织出版社有限公司，2025.4.
ISBN 978-7-5229-2555-4

Ⅰ. G625.1
中国国家版本馆CIP数据核字第2025CJ6178号

责任编辑：李凤琴　　责任校对：李泽巾　　责任印制：储志伟

中国纺织出版社有限公司出版发行
地址：北京市朝阳区百子湾东里A407号楼　邮政编码：100124
销售电话：010—67004422　传真：010—87155801
http://www.c-textilep.com
中国纺织出版社天猫旗舰店
官方微博 http://weibo.com/2119887771
北京华联印刷有限公司印刷　各地新华书店经销
2025年4月第1版第1次印刷
开本：710×1000　1/16　印张：15
字数：182千字　定价：58.00元

序一
恰似江南的春雨

夜雨敲窗，电脑支棱的书页间流淌着成效老师的教育故事。窗台上的绿萝在台灯的光晕中舒展枝叶，恍若那些被成效老师悉心照拂的幼小心灵，在温情的土壤中悄然拔节。这位在宁波教育界以"南瓜屋"班级文化闻名的小学班主任，用二十年光阴将教育凝练成一首散文诗：既有春风化雨的柔软，又有破土而生的力量。

一、撕碎标签：教育是照进裂缝的光

在一方小小的教室里，当面对密码锁不见的情况下，当知道最后一个玩密码锁的孩子是谁时，他没有训斥，却巧妙地用"你去把它找回来！"的方式，巧妙地保护了这位孩子的自尊心。看到了这里，我的心也跟着柔软。

这种"去标签化"的教育智慧，几乎在整本书稿中屡见不鲜，面对学生冲突，他总以用陈述句式构筑对话的桥梁，就像他在一个个故事中提及的"出演话剧还原事实"妙招，将矛盾转化为情景剧，让学生在角色扮演中领悟换位思考的真谛。一个个充满教育智慧的策略背后，涌动的是成效老师对人性的深刻理解：每个顽劣表象下都藏着一颗渴望被看见的心。

二、温暖叙事：班级是生长的童话

"南瓜屋"不仅是成效老师的班级雅称，更是精心构筑的教育寓言。这个充满田园诗意的空间里，每个孩子都是独特的种子：有的像攀援的藤蔓需要支架，有的如深埋的块茎等待破土。他的"研、探、行、展"

四步教育法，让知识学习变成探秘旅程。当其他班级在题海中沉浮时，"南瓜屋"的孩子们正用数学计算规划菜畦、用自然观察记录生长、用文字编织农场日记。这种情境化教学，让教育成为有温度的故事，让校园生活染上斑斓的色彩。

无论是乘风破浪的小组成长共同体，还是厨神争霸赛，或者给口罩插上翅膀……一个个温情的班级小故事，充满了生长的力量，美好又浪漫，诗意又温情。课本剧表演、自主管理成长树计划、秋收课程、请古籍修复师来班介绍天一阁……真所谓，教育不是填充容器，而是点燃火焰。教育是浪漫的生活，成效老师用耐心、爱心和悉心，为班级编织了一个个富有生机的童话。

三、静待花开：教育是生命的共舞

细细翻阅成效老师的教育札记，处处能看到一些细微处的感动，比如，留言墙，让孩子自由诉说自己的需求；比如，班级为"冰雪男孩"编织围巾……面对教育焦虑弥漫的时代，他始终保持着农人般的笃定："教育是慢的艺术，要学会倾听花开的声音。"这种从容源于他对教育本质的深刻认知——真正的教育效益不在于教师讲授多少，而在于学生内心生长几何。

他用和谐文化消解对立，以理性思维疏导矛盾，借稳定势力构建秩序，凭责任意识唤醒自觉。在实践中化作春风细雨：当学生争执时，他引导签订"君子协议"；当班级浮躁时，他组织制定"责任认定程序"。这些看似寻常的举措，实则是将教育智慧沉淀为可操作的育人路径。

四、教育牧歌：在土地与星空之间

成效老师的教育哲学中始终存在着张力之美：既要脚踏实地深耕班级土壤，又要仰望星空追寻教育理想。他推崇俞敏洪"人品重于学问"的理念，在班级推行"心情教育"，建立晴雨表，让感恩墙上的便利贴成为情感流动的河床。面对学业竞争，他坚持"疏可走马"的原则，在密集的知识点间留出思考的留白，正如他在处理"多动症"学生时的智慧——不过度干预，而是创造让其自我修正的空间。

这种教育观的深层，是对生命个体的敬畏。当他发现那个自认"多动症"的男孩其实心细如发——记得给植物浇水，默默整理图书角——便懂得教育的真谛在于发现而非改造。

暮色渐浓，合上书页时，窗外的玉兰正在早春的寒意中孕育花苞。成效老师的教育故事，让我想起诗人里尔克的句子："有何胜利可言？挺住意味着一切。"在这个追求速成的时代，他始终以农人的姿态守护教育田野：用温情融化偏见，以智慧培育可能，让每个孩子都能在属于自己的季节里，绽放独特的光华。

这般教育境界，恰似江南的春雨，无声却滋养着万千生灵。

许丹红

2025 年 2 月于杭州

序二
耐心倾听花开的声音

2015 年宁波市鄞州区率先实行德育导师制，要求教师全员担任德育导师，每个班级由首席导师和德育导师组成育人共同体，从学习、生活、品德和心理等方面，为学生提供全方位、个性化的支持和帮助。这一制度的实施，贯彻以人为本、因材施教的教育理念，着力突破传统教育工作的瓶颈，聚焦每一个生动的"人"，全员育人、全程育人、全方位育人是其重要特征。

十年间，做经师更要做人师成为我心中矢志不忘的信念，建立"南瓜屋"的班级品牌，在这么多年的教育实践中，使我对德育导师的角色有了更为明晰的认识和体悟。

角色一：学业导师，发挥学科育人的功能。导师制下的任课教师在传授知识的同时更兼顾育人的责任，通过序列化、项目式的学科活动促进学生既汲取知识又促进德行的提升。

角色二：德育导师，落实全程育德的责任。德育是一项长期耕耘，静待花开的工作，重远效而不求近功。我们利用常态的谈话机制，在唤醒、期待中引导孩子形成良好的道德品质和行为习惯。同时以圆融的教育方式，与家长共同成长。

角色三：心灵导师，守护心理健康的屏障。倾听学生的心声，解答他们的困惑。我努力打造了一间具有安全感的教室——南瓜屋，让教室成为学生心灵的港湾，通过心理疏导与情感支持，帮助他们建立自信，面对挑战，健康成长。

角色四：成长导师，挖掘孩子的无限可能。每一个孩子都是生动活泼且各不相同的生命体，他们带着独特印记和不确定性在成长。我借用

"亲妈滤镜"，多一把尺子衡量学生，使每个学生都散发出属于自己的光芒。

一年年，一届届，当风华化作眼角的皱纹，我也从不惑之年走向了知天命的年纪。在这十年里，我见证了无数个孩子的成长与蜕变。他们从一开始的青涩懵懂，到后来的自信成熟，每一步都弥足珍贵。我深知，教育是一场漫长的修行，需要我们用心去感悟、用行动去实践。

从班主任到德育导师，这不仅是制度的革新，更是教育情怀的升华。在德育导师制的引领下，教师与学生之间的关系悄然变化——从居高临下的"管理者"转变为并肩同行的"陪伴者"。通过底层逻辑的迭代，优化甚至重构了班级生态。

良好的班级生态虽无法用数据衡量，却是肉眼可见。对学生而言，那是他们肆意生长的百草园；对家长而言，那是他们互通有无的能量场；对教师而言，那是他们理想落地的自留地。学生、家长、教师在彼此相处中有如沐春风之感，营造自然舒适的松弛感，面对矛盾能相互退让，避免进入死胡同。在这一过程中，我逐渐明白带班不仅需要责任与耐心，更需要灵感与智慧，需要那些看似微小却充满力量的"轻创意"。如盐入水无痕而有味，在悄无声息中让班级成为一个充满活力与温情的成长共同体。

如《修好一颗心》一书中所言，"写作，为生命存档；写作，让时间静止；写作，让文字疗愈；写作，助专业成长。"今天，我将这些年来的故事娓娓道来，希望藉此能为同行者带来些许的灵感与共鸣。

最后，愿以此书献给在教育路上默默耕耘的"南瓜屋"名班主任工作室的伙伴，正是因为有了你们的陪伴与支持，我才能在这条路上走得更加坚定与从容。感谢我的学生们，是你们的纯真与热情让我不断反思与成长；感谢我的导师浙江省教科院基教所副所长徐敏娟老师，一年研修让我看到了不一样的山海；感谢我的师父德高望重的许丹红老师、鄞州区教科室朱永良副主任和舒家华老师……是你们的智慧与鼓励让我在探索中充满力量；感谢我的妻子，一位优秀的教育同行，在人生至暗的时刻她总是默默地鼓励，支持我用文字为自己打开一扇透气的窗。正是这裂缝让光照了进来，有了今天的集结成书。

把根扎进土里，果实自然会甜进人心。教育，本没有固定的模式，唯有在不断的尝试与创新中，我们才能找到那条最适合学生成长的路。

俞成效

2025 年 3 月于宁波

目录

第一辑
一间会生长的教室　001

迭代：有一间教室叫"南瓜屋"　002

退让：期末评语孩子写　006

成全：首席座位　010

涅槃：课间十分钟的"进化史"　013

认同：让每一堵墙都说孩子的话　019

疏导：班级心情晴雨表　024

共育：我和我的德育导师们　027

跨界：爱到微时是熟时　032

兼爱：我为冰雪男孩织围巾　036

对话：师生留言墙　040

第二辑
人见人爱的班本课程　043

融生："10后"的"古籍修复师"　044

呵护：让我们大大方方谈性教育　047

相生：落地生根的"秋收课程"　051

忽悠：教师是最大的"骗子"　056

激趣：名著人物 cosplay　061

留白：给口罩插上翅膀　065

触动：西餐有"礼"了　068

磨砺：从校服到军装　072

入微：厨神争霸赛　077

践行：有一种成长叫"周游鄞州"　082

第三辑
孩子，请把你的手给我　087

唤醒：一个都不能少　088

宽容：遗失的密码锁　093

赋能：乘风破浪的成长小组　097

接纳：真实的沟通　102

具身：橡皮保卫战　105

尊重：一棵消息树　110

满足：告别手机瘾　113

传递：有心处处皆舞台　119

重建：受伤的花蕾　122

褒奖：送上门的颁奖仪式　128

合力：唤醒"刺猬男孩"的内驱力　134

同频：我和孩子一起去"追星"　140

惩罚：酸溜溜的柠檬　144

沟通：云中谁寄锦书来　149

第四辑
好家长是这么炼成的　153

同行：开在心坎里的家长会　154

折腾："高手"在民间　159

笃行：德育小组进行时　163

众筹：南妈说吧　167

换位：给家长报个兴趣班　172

赞美：不一样的颁奖词　175

互助：家长读书会　179

携手：遭遇"叛逆"家长　184

第五辑
和孩子一起成长　189

借力：借思维导图，让工作轻松一点　190

坚守：红玫瑰和白米饭　198

突围：遇见更美好的自己　203

互助：从"黄世仁"到"经纪人"　207

第六辑
留在心底的声音　213

感怀：致敬我的老师们

　　　——在第 38 个教师节庆祝活动中的发言　214

敬惜：不再见

　　　——致我的 2015 届的学生　216

感恩：在毕业联欢会上的发言　219

期待：每一根草都会开花

　　　——南瓜屋第一次全员家访记录　222

第一辑

一间会生长的教室

教室于我们而言，并不是一个简单的空间概念。它是我们的愿景，是我们和孩子想要到达的地方，是决定每一个生命故事平庸还是精彩的舞台，是我们共同穿越的所有课程的总和，它包含了我们论及教育时所想到的一切。

人生是一场修行，教室亦如是。随着导师制的推行，我们教室的建设始终处于动态生成的过程中。它联结着孩子们的生命旅程，是滋养他们的土地和家园，是对每一个茁壮成长的生命的真实记录。

迭代：有一间教室叫"南瓜屋"

在 2015 年，我迎来了人生中第一届完整的六年。

于我而言，这是一次全新的体验。虽然从教近 20 年，但从未教过一年级，既欣喜又忐忑。抽签、分班、见面是在 8 月中旬某一日一气呵成的。相较于其他班，家长都与班主任、任课教师进行了简短的碰面，而我于他们还只是个"江湖传说"，他们只能从其他人那里零星拼凑成一个并不完整的我。

担任 103 班的班主任纯属临危受命，对于正在领略祖国大好河山的我而言显得如此突兀。让我当即折返参加分班仪式于时间和行程而言都不允许，所以错过了与家长们的第一次见面，很是遗憾！于是旅行一结束，我便开始逐一入户家访，走访了班上的 38 户家庭，和家长们充分交换了想法。

一个又一个问题在我脑海中浮现：

六年工夫，我们的孩子应该以何种态势成长？应获得哪些素养的提升？

我们班级的愿景是什么？我们的班级和别的班级有什么不一样？

我们应该营造具有何种特色的班级文化圈？

家校的关系如何？如何为家庭教育提供有效的支持？

……

早在 1897 年，美国教育家杜威就提出"教育即生活"的理念，这一理念对中国的教育现实具有同样重要的意义。"教育既然是一种社会过程，学校便是社会生活的一种形式。""教育是生活的过程，而不是将来生活的准备。"由此，教育是生活的本身，教育应该充实人的生活，使儿童能够适应生活、更新生活，而非压制儿童的天性。

那么，什么是我们心中理想的教室？

我心中理想的教室是这样的：一群积极向上的家长，一群热爱教育的教师，一群热爱生命的学生，会聚在"伟大事物"的周围，虔诚地开始一段美好的旅程——强健体魄，丰富情感，享受艺术，发现知识，体认和践行道德。大家在温馨、美妙的教室里共同生活，如切如磋、甘之如饴，度过每一个日子，编织属于未来的梦想，在岁月里成为最好的自己，实现自身的价值！

从另一个维度而言，我心中理想的教室还是这样的：师生与知识对话、与生活对话、与世界对话、与自我对话，最终达成自我的统一，自我和世界的和谐。

此时教室已不只是一个空间四角方方的区域，它是我们的愿景，是我们想要到达的地方，是决定每一个生命故事是平庸还是精彩的舞台，是我们共同穿越的所有课程的总和，它包含了我们论及教育时所想到的一切。

要缔造一间这样的教室，其实就是创造一个完美的世界。诚然，这个世界没有完美，也没有完美的标准。这种完美其实就是一种追求，一种朝向，是心向往之，是教室里所有人心中的伊甸园。它就如一棵树，自成立那天在阳光雨露的滋润下，向阳而生，迎风而长，生根、发芽、长叶……直至长成一棵参天大树，向世界宣告自己存在的意义。

命名，意味着打开一件事物的方式。

为子女命名，寄托的是父母对他们的期望和祝福；为教室命名，则是为一间教室立魂、凝神、聚气。

我又该在心中为即将相伴六年的教室埋下一颗怎样的心愿呢？用数字作为教室和班级的代号无疑是最简单的，也是最枯燥、机械和重复的。如果要是有一个美丽的名字，这个教室就有一个美丽的开始。一个班级呈现给人们的第一形象就是为教室命名，而最终呈现的则是教室文化的整体构建，一间教室的名字应该是教室文化的具体承载与体现，是班级成员的自我画像。通过具象化的命名，把格式化的数字符号转化为一种精神意向，赋予教室一种精神力量。

因此，我想把这个权利交给我们的孩子和家长。

结束了将近一个月的一年级新生的适应性学习后，我在周末放学前发布了"我给班级取名"的招募令，要求从孩子视角出发，体现班级特色和发展愿景，最后根据征集到的名字在全班进行海选。

于是在周日的晚上，我收到了孩子给班级取的名字以及命名的想法，因为是一年级的孩子我收到的绝大多数是语音信息，孩子们用奶声奶气的语调讲述自己心中的想法。我逐一记录：淘淘班、向日葵班、海燕班、跳跳班、雏鹰班、快乐无限班、星辰班、南瓜屋、晨曦班、神奇3班……一时间，看得人眼花缭乱。

为班级取名，重在参与。学生和家长冥思苦想，不仅为班级思考所取的名字，还要思考名字背后的寓意，这其实也是在努力建立个体与集体的联结。只有在日常的学习生活中，努力培育学生对集体的朴素的情感，未来，学生走出校门，才会对社会、对家庭富有责任感。同时，这些充满正能量的词语句，在学生的头脑中浮现，对学生而言何尝不是一种感染与教育呢？作为班主任的我，要给学生创设集体的情境，以具体的活动为载体，激励学生自我成长。

我将同学们的意见进行汇总，进行了线上投票，选出了票数在前两位的班名：神奇3班和南瓜屋，又在周五班会课上进行第二轮的现场投票环节。

现场评选正式开始了！

第一个上台演讲的是褚劲麟，他自信满满地走上台，声音洪亮地向大家做介绍。

每个班都要有自己的班名，我们班也不例外。最近我们都在看绘本故事《神奇的校车》。上课时，校车会带着同学们到不同的地方游历。我希望我们的学习生活也能像故事里所描写的一样，充满期待。

同学们马上向他报以热烈的掌声，因为《神奇的校车》于他们而言有太多的共同话题。

第二个上台的是高晟，他从小的生长环境非常宽松与自由。他这样阐述自己的理由。

我给我们班级取的名字是南瓜屋。你看，在童话故事中南瓜充满神奇的想象，灰姑娘的马车是南瓜变的，《洋葱头历险记》中南瓜还会说话，希望我们的班级能像南瓜一样有无限的可能。谢谢大家！

致谢完，他就匆匆跑了下来。最后大家进行现场投票表决，"南瓜屋"以一票险胜，成为我们班级的班名。

后来遇到《小学语文教学》主编李红云老师，李老师听了我们南瓜屋的故事后，向我推荐德国作家于尔克·舒比格的作品《当世界年纪还小的时候》，指出书中有这么一段话："洋葱、萝卜和番茄不相信世界上有南瓜这个东西，它们认为那只是空想，南瓜默默不说话，它只是继续成长。"她告诉我南瓜还有另一层含义，就是脚踏实地、默默成长。至此南瓜屋班名的内涵得到了完整的阐述——仰望星空，脚踏实地。大家以"南瓜屋"作为班级文化的灵魂，进行班级文化的建设。

从某一刻起，几十个孩子和几位教师相遇在一个叫教室的地方，他们相互依偎、彼此依靠，共同度过生命中一段最重要、最美好的时光。

一间再普通不过的教室，一个再朴实不过的教室名，有了自己的教室文化，就会弥漫诗意与温馨，流淌幸福的奶和蜜。如果一间教室剩下的只有成绩与分数，那么这间教室无论如何是不可能走向崇高的。只有有文化的教室才能无限长大，才能创造出无数个传奇。

退让：期末评语孩子写

又是一年期末季。

见过了"你热爱集体，关心同学，是老师的好帮手，同学们的好榜样……"诸如此类从教师角度撰写的期末评语，总感觉少了点什么。我一边敲着键盘，心头不由闪过一个念头：这学期的评语我能否交给学生来写，让孩子们相互评价，看看同学眼中的自己。

每学期期末给学生撰写评语是班主任教师的一项重要工作。许多班主任由于年年写，早已"写腻"了，有的干脆上网"抄袭"了之。加之不少班主任是从一年级带到毕业为止，一带就是六年，因而每学期给学生撰写的操行评语往往模式相同、语气相同、内容也基本相同。可以想象，这样的操行评语往往不能正确、客观、全面地反映或评价学生在学校的学习、生活、品德等情况。由于每个学期的评语都大同小异，没有新意，因而很多学生拿到成绩报告单时，往往都是只看分数，不看评语。孩子的家长也是如此。

于是上课前，我向同办公室的何老师借了她的花瓶，用五颜六色的便笺纸折了45个签号，放入透明的玻璃瓶。玻璃瓶中映出五颜六色的折纸，红的红，黄的黄，别有一番趣味。

学生望着推门而入的我，不由得瞪大了眼睛，都在费劲地猜测：今天，老俞的葫芦里到底卖的是什么药？看着学生伸长了脖子，满眼的期待，我也不卖关子了。

"同学们，俞老师想请大家帮个忙。"说完，用眼睛扫视了一遍全班，发现大家都洗耳恭听，估计都在心里嘀咕：我们能帮啥忙，别帮倒忙就好了。

"同学们，是这么一件事，最近老师有点忙，可是到了期末得写评语，实在是分身乏术。因此今年的期末评语想请同学们自己写。"

"没问题！"大伙几乎是异口同声地回答。

"但是我有两个要求。第一，我们进行现场抽签，你抽到谁就帮谁写评语；第二，评语以对方的满意为评价标准。如果对方不满意，那你只能重写。"这时学生的脸上掠过一丝无奈，可能怕自己撰写的评语不过关吧。

于是抽签、酝酿、思考、动笔……教室里从人声鼎沸变得鸦雀无声，只听见笔尖在纸上"沙沙"的摩擦声，有些同学时而眉头紧锁，时而回望撰写对象，时而又如释重负……当下课铃声响起的时候，45 个同学都完成了评语撰写的任务。

面对同学们交上来的评语，我忍不住一睹为快。

嘿，章馨予，偷偷告诉你，你其实长得很好看，正如你笔下的画一样，那么俏皮可爱，又不失优雅大方。看到你的人大概都会想到林黛玉吧！瘦瘦的，看起来弱不禁风。你很少大声说话，和别人交谈时声音轻轻的，宛如春风拂面。在下学期，我希望你积极回答问题，把最阳光向上的一面向大家展示出来。最后想对你说：其实你很棒，你自己却不知道。加油哦，女孩！（汪美萱）

这是"聊天式"评语，就像拉家常，一改往昔评语呆板的面貌，让人读来如沐春风。我觉得写这段评语的孩子，内心定当十分柔软。

已与你共度六年时光。人缘好、阳光向上是你给我的第一印象。学习时的认真执着让我想起《火影忍者》中的鸣人。劳动时埋头苦干，同学之间产生矛盾时，排解纠纷的你令我十分欣赏。偶尔你略带"中二"，而又装作一本正经的模样使我忍俊不禁。希望在小学的最后一学期，你能端正学习态度，一如既往地走下去，你一定能成为比此刻更出彩的自己！（张淳楷）

这是"操心式"评语，寓庄于谐，通过调侃式的语言，既关注对方的优点，又以"中二"这一流行语揶揄一下缺点，这架势远超班主任。

你是我最信任的伙伴，你是老师和大家所信任的对象，你是班级里刻苦用心的副班长。说真的，我一直都很敬佩你，你稳重大方，在管理班级时显现出非常的潜力；你倔强坚韧，面对困难从不见你低头；你自信乐观，在失落时总能撑起一抹余笑；你秀外慧中，把任何事都办得尽善尽美；你聪慧热情，总能不由分说地帮助别人。眼镜架不住你眺望前程的璀璨目光，裙摆压不住你向前进军的坚定步伐，我相信你，你一定能成为我们当中的领头雁！（王馨怡）

这是"钟情式"评语，采用铺陈的方式，对伙伴的优点大书特书。好孩子是夸出来的，面对同伴雨点般的赞扬，估计这位柴同学的心里早已乐开了花。

另外还有先抑后扬式、鞭策规划式、春秋笔法式……不一而足，充分显示了孩子们的生花妙笔。面对收上来的评语，我直呼想不到。想不到孩子们的评语如此精彩，各种评价方式信手拈来，用得妥帖自然，原本艰涩的笔头在此刻变得如行云流水；想不到孩子们的评价如此精准，既肯定了优点又满怀期待，非常公正客观。

于是趁热打铁，我邀请了部分孩子上台朗读。教室里顿时沸腾了起来，被叫到的孩子落落大方走上来，宣读各自撰写的评语。倾听者掌声雷动，发出会心一笑。那天，科涵妈妈还特意在朋友圈记录下孩子们的感受："班会热热闹闹，同学们笑得东倒西歪。我眼中的同学和同学眼中的我，都让我感到耳目一新。每个人都有自己的闪光点，可能自己没有发现，但是同学们观察到了。六年时光，眨眼之间。珍惜同窗情谊，互相成就更好的自己！"

于是那一年的期末评语，一改往日的旧习气，我将孩子写的评语恭恭敬敬地誊抄到期末报告单中，省心更走心。后续事情的发展更是我始料未及的。各级媒体关注到这一举措纷至沓来：《现代金报》头版头条刊发此次活动，《宁波晚报》以一半的版面进行了转载报道，《宁波日报》发表一篇评论性文章，对此事进行了中肯的评价，甚至鄞州电视台明知学生已放假仍专程赶来现场采访。

此次大胆尝试，让学生"自撰评语"，表面上看，似乎是班主任老师在偷懒，不负责任，实则不然。这样做至少有三大好处：其一，帮助学生提高自我剖析的能力。学生在"自撰评语"的过程中，不但学会了自我分析、自我总结，而且也从反思中教育了自我。其二，教师通过学生的评语真正走进学生的内心世界。教师能从学生的"自撰评语"中获取一些平时所没有掌握的情况，包括学生的一些想法、行为等，便于教师更深入地了解学生和后续教育活动的开展。其三，体现教师对学生的信任。让学生"自撰评语"，把心里话大胆地写出来，可以使学生真切地感受到教师的信任，这不但有利于融洽师生间的关系，而且能使学生增强自信心，有利于学生的健康成长。可见，让学生"自撰评语"，不仅是一种"教育创新"，更是一种"教育智慧"，这对学生来说是大有裨益的。

当然，要真正让学生给自己撰写出一份全面、客观、满意的操行评语，还需教师引导学生总结一个学期以来，自己做了哪些事，哪些事是值得骄傲的，哪些事是需要改进的；学习、生活、品行等方面有什么收获，自己最满意的是什么；有什么不足，今后打算如何加以改进，等等。如果当时能让学生从思想认识和行动上总结自己的学习、生活、品行等情况，然后把这些分析写出来，我再在学生自己撰写评语的基础上，结合对学生的理解，综合形成对学生的期末操行评语。那么这样的"评语"不但有新意、有内容，而且更加全面、客观，相信这样既能使学生高兴，也能让家长满意。

🤍 成全：首席座位

9月，是最忙的一个月。

叽叽喳喳，忙忙叨叨。

但也是我最喜欢的时节。因为9月的秋，是树叶开始有了黄绿参半的颜色，是又可以聚在一起吃圆圆的月饼，是过不了几天秋交替到了寒冷的冬。

每当秋天的风刚一吹起，我就开始幻想静坐一隅，不急赶路，不问匆忙，只在一方茶席间，煮水、泡茶、码字、聊天。

现实却是，连停下来品一杯茶的时间也没有。

窗外的秋风，蹦蹦跳跳，憨态可掬，似在提醒我，人再匆忙也勿忘要有一份自在和闲情，找到不言而喻的心安和平静归零的勇气。

上课的铃声已经打响，我不由得加快了步伐。突然，领导将步履匆匆的我拦在了走廊上。

"俞老师，过两天有个转校生要来。家长希望安排在你的班级。"

看似商量的口吻，其实只是例行公事的通告。虽然是简单的一句话，但我还是敏锐地捕捉到两点信息：其一，家长是怎么考虑的，怎么能在9月底实现中途转学。其二，这个孩子估计也是难缠的角色，否则怎么需要如此急切地换个学习环境。

我冷丁丁地回了句："不要。"欲举步离开。

"如果你实在不想要，我们就抽签吧。抽到哪个班就去哪个班。"

"随便。"真有点软硬不吃的架势。

"俞老师，做教育我们要有慈悲心，要努力助力每个孩子的成长。"

是的，这一点，我还是很认同的。教育应该是有温度、有情怀的，它不应该只讲能力、讲管理，更不应该只用平均分、优秀率、升学率、课题、论文、优质课衡量是否成功。因为，真正的教育是一种精神的传递。

王梓坤先生说：师者是什么？耕耘在今日，收获却在未来。教师是用一个生命点燃另一个生命的人啊！你教室里的每一个孩子，都是一个家庭的整个世界。教育，要修得一颗慈悲心，善待众"生"，引领众"生"，普度众"生"。

我简单地回了两字："好吧。"因为时间已不允许我做更多的思考，所有的措辞都浓缩在这两个字中，很多的选择是没有理由的，只因我该这么做。

上完课，伫立在窗前，栀子花的浓烈香味熏得人头疼。

新来的转校生，该坐哪呢？一道难题兀然摆在了眼前。全班目前44人，两两相对，刚好。再来一人，放在哪里比较好呢？最后独自一桌？显得有些不近人情，刚来就将转校生置于团体之外，制造了人为的沟壑；将他搁置在讲台旁，好像又有点贴标签的嫌疑，估计家长是不乐意的，怎可尚未交流便在对方的心中埋下一根刺；让班上的某位同学将座位让给新生？不由得想起李白在《梦游天姥吟留别》中的诗句"安能摧眉折腰事权贵，使我不得开心颜"，感觉有种谄媚的嫌疑，这也是我平生所不齿的。

前段时间，有位朋友曾告诉我"以时间换空间"，即当我们无法看清事物发展的方向时，我们就把注意力聚焦在当下，做力所能及的事。既然单独成桌不可避免，我为什么不在这单独成桌上动动脑筋呢？

所有的闪转腾挪，皆是智慧的体现。

每一次的困境，都包含着峰回路转的希望。

于是第二天的晨会，我隆重地向同学们介绍了"首席座位"。

"同学们，本学期起我们将推行'首席座位'制，如乐队有首席小提琴手，研究院有首席专家，'首席座位'相当于班级中的首席学生。"学生都伸长了脖子，满怀期待，都想见识一下"首席座位"的庐山真面目。

"'首席座位'毗邻讲台，这个座位有两个特权：一是他的同桌就是所有的任课教师，如有需要随时可以向老师请教问题；二是这个座位拥有者享有不排队批改作业的权利，随到随批。""哇"——台下顿时惊叹声一片，吸引孩子的还是实实在在的优惠。

什么是好的座位？甚至网上还流传了一幅"黄金座位"分布图，其实对好的座位的认同，更在于每个人内心的感受。"黄金座位"图主要从视野的角度出发，不过也仅仅是考虑了孩子与黑板的距离，并不符合实际的教育理念。在实际的教学中我们更注重的师生之间的互动，比如，情感的交流、目光的交互，肢体的接触等。同时，学生对好座位的认同与成年人也不尽相同，他们可能更在意与兴趣相投的同学为邻，讲究氛围的和谐。

"对于一个坐'首席座位'的人，我们要慎重筛选，要推荐出品学兼优，深受同学们认可的才行。每个月的月底我们评选一次'首席座位'的拥有者。"心动不如行动，学生通过酝酿、推荐、投票，很快遴选出首位"首席座位"拥有者——我们的班长淳楷同学。他学习出色、人缘极佳，是我们大家心目中当之无愧的 NO.1。

为了凸显"首席座位"特别之处，我还特意制定了一张牛油果绿的桌套，在一片浩蓝的课桌间显得鹤立鸡群。那一双双灼热的眼睛，让人读出孩子心中的热切期盼。

10 月 9 日，当转校生到来的时候，他坐在班长原先的座位上，补上了教室中残缺的一块。为让每人都有盼头，我们也在不断修改"首席座位"的评选标准，10 月大家把条件设定为在本月进步最明显的学生，刚转学来的行行同学因表现显著，被大家安排到了"首席座位"的位置上。

看着他乐呵呵地开始"搬迁"，心中难免涌上一丝丝的暖意。

❤ 涅槃：课间十分钟的"进化史"

有人说：春天是属于童话的。而我的春天是"惊悚片"，而且一播就是连续剧，再强大的心脏怕是也有不堪重负的一天。

【镜头一】一拨孩子乘人不备溜进体育器材室，在那"大闹天宫"。轩同学更是轻轻一推将浩楷推下了1米高台，造成门牙撞落、鼻血直流，哀嚎之声撕裂心肺。

【镜头二】翌日，镛同学携轩、逸飞在校园内上演了一出《铁道游击队》中"扒车"的惊险戏码。这几人紧随一辆缓缓发动的货车，一个飞身攀附在货车的后栏壁上。

【镜头三】子睿和嘉宁因派系不同，政见不一，在行政楼前上演了一场全武行。两人如掐架的公鸡，义愤填膺，貌有不置死地难解心头之恨，更有人卷入其中，趁机揩油。

这样的意外隔三差五总会发生，一桩桩、一件件的流血事件并没有给学生带来警醒。虽然平时"安全"常挂嘴边，提醒学生课间要文明游戏，不要奔跑打闹，可总是起不到效果。

铩羽，试用版的课间十分钟

面对事故频发的课间十分钟，想着如何能简单又有效，我借着安全教育的契机，和学生商量着在班规里加了一条：用好课间十分钟，放松双眼喝点水，不追逐不打闹，安安静静等上课。班规一经颁布，学生们下课后确实收敛了许多。可没坚持到放学，几个活泼的男生早已按捺不住，故意避开教师的视线，追逐打闹、摸爬滚打。看到我来了，又讪讪地站起身，一溜儿烟地跑了。课间十分钟，到底是管还是放？一味地约束肯定违反了小学生的身心特质，可若因为要出安全事故而限制学生玩要，岂不因噎废食？

于是，我把问题的解决权交给学生，听听他们对问题解决的一些做法和想法。在周五的主题班会课上，我和学生们一起讨论在课间十分钟容易出现的安全隐患，最后得出结论：跳楼梯不安全；在教室内追逐打闹不安全；在走廊追逐不安全；在地上打滚不卫生；等等。接着在班级中成立分批制的课间管理员，在下课时分别站在楼梯口、走廊、厕所外的大厅进行监督和提醒。可是没过多久，新的问题又产生了，玩的同学和管理员矛盾重重，认真的管理员被同学投诉管得太严，刚要开始玩就被及时制止，以至于让玩的同学有一种一直处于监视下的心理压力；不认真的管理员，当其他同学在玩的时候，他也控制不住自己而加入其中，最后"管理员自己都疯玩了"。

设立监督岗，让学生在下课有序玩耍，出发点是对的。但在执行过程中却是骨感的，既让管理员在下课时间得不到充分休息，其他同学也无法真正快意玩耍，管理和被管理之间造成嫌隙，引起冲突，不利于班级的团结。学生为什么对课间奔跑、地上滚打情有独钟呢？是他们缺乏玩耍的游戏吗？

一语点醒梦中人，于是开始了我们第二次关于课间十分钟讨论，这次班会的主题是"我的课间游戏我做主"。我们以小组为单位，每组学生共同讨论设计适合课间的游戏，有下棋、石头剪刀布、两人对对碰等各种各样的游戏。于是下课后，学生们开始有组织地参与到游戏中。本以为一切会很顺利，但是没过几天，他们所设计的游戏又被纷纷淘汰，询问其中的原因，有的说时间太赶了，没等摆好棋盘就上课了，有的说这些游戏玩法太单一，有点无聊。

是呀，虽然这些是学生们自己设计的游戏，但是学生的眼界、学识和经历极其有限，他们所设计的游戏也必然单调，缺乏趣味性，犹如让一只井底之蛙去描绘井外的绚丽世界是不可能的，唯有我带着他们跳出井外，让他们见识过外面的世界，他们才能慢慢适应并萌发自己的独特创新。

童乐，进阶版的课间十分钟

把课间十分钟的改革任务全部交由学生不现实，必须先由我"扶"着他们探索一段时间，打开学生的思维之后，才能慢慢放手。

进阶一："扶"着学生一起游戏

刚开始设计游戏，其实连我自己都不知道该从何入手，更何况是学生，于是我选择从自己小时候玩过的游戏开始。课间，我组织学生们一起进行各种集体性的小游戏：写"王"字、斗烟壳、鸡毛球……门口的走廊时不时传来我们的欢声笑语。我也惊喜地发现因行为习惯而不合群的几个孩子，在游戏中也自然而然地融入了集体之中，我和孩子们走得更近，心贴得更紧。

进阶二：发掘小老师带动游戏

在怀旧游戏中，学生们体会到了一起游戏的乐趣，因此，我因势利导推出了更多集体项目，让每个学生不仅动起来，还能充分感受到集体的温暖和幸福。

律动操就是其中一项集体活动，先由我示范教学生，经过几天的学习之后，当全班都基本掌握时再拍成视频，整齐的动作、青春的活力、灿烂自信的笑容，视频一发到家长群后，家长们也都啧啧称赞。在教学律动操的过程中，我发现了几位很有节奏感的学生，于是，律动操的教学任务也就交给了班级的律动小老师们完成。慢慢的，律动小老师们发现了更有意义的律动古诗，他们会自发地在家先自己学会，然后教全班同学一起学习。

进阶三：鼓励学生丰富游戏

对于部分男生而言，律动古诗可能不是很受欢迎，在学生们的提议下推出了点歌台，时间安排在上午第二节课后的课间十分钟，以音乐的形式让疲倦的身心得到彻底放松。由金曲库负责人收集学生们最喜欢的歌曲，然后按照受欢迎程度在课间进行顺序播放。

在点歌台活动中，我完全是作为旁听者参与其中，也掌握了在学生中当下最流行的歌曲和歌星，有了与学生更多的沟通和了解。接着，在歌曲声中，学生们又提出了想要唱歌的愿望，于是课间变成了学生们的才艺秀时间，可以跟着背景音乐为全班献唱，也有学生从家里搬来了吉他进行弹唱。

学生在班级活动中渐渐形成了观察和挖掘的能力，他们会根据当前的班级流行，以及学生之间相互听取各种建议，开始对课间活动有了各种新颖的想法和设计。

创新，发展版的课间十分钟

在课间活动中，学生渐渐掌握了游戏的设计方法，并学会了去发掘新的活动，他们的思维非常活跃，一个小小的触发点，经过学生们的合力讨论，献计献策，就能创造出一个个新的活动。而此时的我只需要偶尔给予提示，或是被邀请去欣赏他们的表演，或是担当裁判员。

数学的实践作业有一个"魔方挑战赛"活动，为了挑选出最优秀的同学去参赛，我们班在课间自发组成了魔方学习小组，人手一个魔方，一到下课的时间，三三两两凑在一起，有初学组、入门组、进阶组、最强组等。半个月下来，兴趣依然不减，每个课间所有的学生都在研究魔方，到最后班级决赛选出种子选手代表我们班参赛。

在备战的过程中，全班同学都学会了魔方复原法，极大地增加了他们每人的自信心。有几位从一开始不会到最后居然能挑战最强选手的学生，发出了明年再战的挑战。最后，班级在年龄段魔方比赛中成功获得了最优成绩。

继魔方之后，学生们对益智游戏比较入迷，于是又进行了鲁班锁的挑战赛，在玩锁的同时，也学习了中国传统不用一钉一铆的建筑智慧。

学生们自发开始了结合学校活动开展班级活动的行动。学生们会研究学校活动的通知，找出其中可以成为班级课间游戏的素材，并制订规则、宣传、邀请全班一起参与其中，学校活动增色了班级活动，班级活动又促进了学生参与学校活动的热情和积极性。

在体育节，我们借着一分钟足球传球、颠球和绕杆比赛，在课间十分钟，全体学生同时从教室里消失，一下课快速整理好下一节课的物品，然后"快、静、齐"排队直达教室前面的体艺馆，拉开阵势，两两组合，一分钟内互相计时、计数加配合，虽然十分钟时间不长，但是却被我们以秒的精确程度高效利用。

在校读书节上，我们年级段推荐了四大名著作为阅读书目，在语文老师的带领下，我们的课间又变成了各小组名著剧目的排练，有《武松打虎》《草船借箭》，还有《三顾茅庐》等经典片断。

在英语节，我们一起学习英语歌曲；在艺术节，我们一起剪窗花贴在教室窗户上等。渐渐地，学生们对课间活动的设想已不再是"井底之蛙"，他们的思维在各种课间活动中开阔，并让他们的脑中有了更多新颖的想法。

学生们设计的活动越来越多，也越来越新颖，班级俨然成了一个小家庭，每个人都是班级的小主人，他们的建议被采纳，在课间，他们或是开心地参与其他人的创意活动中，或是让自己的创意在班级中流行。

近年来课间十分钟受到的热议，基于原因是作为教育者的我们，认识问题的立场和方式有违背儿童身心发展的规律，是一种成年人世界的思维方式和活动状态替代儿童世界独特性的错误做法。体育锻炼、嬉笑娱乐是孩子们的天性，让儿童的天性在课间释放，对于孩子们身心健康发展非常重要。

但是不少学生为什么舍弃有趣的游戏形式而选择单一的追逐与打闹？我们认为，这与学习压力下好奇心减退、游戏能力退化、生活方式改变等有很大关系，但更与课间时间过短、活动空间过小有直接关系。

"厕所社交"的热议，体现了人们对课间活动回归校园最朴素的期待。学校不能为了免责"一刀切"，更应积极作为，转变教育观念，进行课间游戏项目化探索，同时加强学生课间活动安全风险管理。相关部门要合理界定安全责任，只有厘清校园安全事故的责任边界，才可以打消学校的安全顾虑，真正开展个性化的课间活动，共同守护孩子们快乐美好的课间时光。

♥♥ 认同：让每一堵墙都说孩子的话

苏霍姆林斯基曾说过："要使学校的每一面墙壁说话，发挥出人们期望的教育功能。"于是"让每一面墙壁说话"则成为国人进行校园文化建设的重要准则。

说追赶潮流也罢，说推陈出新也罢，说文化进步也罢，最终的效果是：重视校园文化建设的学校管理者，争相将自己的学校打造成"让每一面墙壁都说话"的文化校园，乃至楼梯、管道、地面、消防栓等也都纷纷在"说话"。浓郁的校园文化氛围冲击着每个人的视觉神经，可以说异彩纷呈，让人眼花缭乱。这便在一定程度上实现了管理者所期望的目标：有内容、有美感；我不必开口，自有墙壁在表达……

但谁在说，成了不得不面对的话题。曾有这样一个故事：一位著名的医科大学教授，在新生入学第一天，把一幅《人体解剖图》挂在教室的墙壁上，然后开始讲课。学期结束，期末考试的内容就是这张人体解剖图，让学生写出人体各器官的名称并标明位置。学生拿到试卷后，目瞪口呆，抱怨教授考非所讲，交了白卷。

这个故事告诉我们一个事实，挂在墙上的东西，未必有人看。甭管时间多久，内容多重要，版面多醒目。如果学生视而不见，挂与不挂效果是一样的。

步入六年级，孩子们的思想都渐渐成熟，对于不同的事往往有自己独立的观点，不少的话语闪现着思维的火花，对自己、对他人都有着借鉴意义。于是我想把孩子的话挂到教室四周的四根立柱上，成为全班的座右铭。

源自自我肯定的座右铭：珍珠的闪耀，在于贝壳的必修。（王馨怡）

馨怡是班上的才女，她迷恋杜甫、苏轼、徐志摩，她总是喜欢用自己的文字来表达对生活的感受，尤其一篇《桨声欸乃游东湖》更让人拍案叫绝。进入六年级后她总有那么点不自信，常常低头含胸。这种不自信可能源于某种期望，想向更高的山峰攀登，可能伴之而来的某些压力成了她"阿喀琉斯之踵"。于是对其内心调适，成为我所关注的重点。

一日习作题目是《___的快乐》，馨怡描述了阅读给自己所带来的丰盈的感受，尤其是其中一句"珍珠的闪耀，在于贝壳的必修"更是发人深省。阅罢，我欣然提笔，在她的习作上留下这样一段文字：珍珠的璀璨源自黑暗中的坚持，沙砾的磨砺浸透多少不眠之夜。莫向外求但求心觅，形有不得，反求诸己。每一次的积累都是一次自我成长，他人的目光不过是风中的游丝、日出前的雨露，内心的强大才是关键。

她拿到我的批语后，脸上露出了久违的笑意，拿着反复品咂滋味。上课时，与我相视的目光又如昔日一般清澈而坚定。

源自内心表达的座右铭：沉浸书海是种快乐。（杨果果）

果果转学过来已经有一学年，到了六年级他已经能跟上大家的节奏，和同学们相处得特别融洽。因此期中的学情分析会，我特意邀请他上台发言，和同学们分享自己这半学期的体会。虽然给了一个星期的准备时间，但是上台时果果还是表现得非常紧张。他掏出藏在兜里的半张纸，把皱巴巴的纸先抹平，磕磕绊绊开始他的讲述，尤其是他讲到平时做完作业后的嗜好就是看书，已经把《寻宝记》都读完了。原定五分钟的分享时间，果果只花了一分钟就讲完了，然后不停地卷着发言纸，不好意思地杵在那里。同学们立马报以热烈的掌声，大大缓解了他的尴尬。他也在掌声中走下了台。

的确，阅读让果果变了一个人，变得会思考、勤学习，原来交作业的困难户有时候成了排头兵。我将他发言中的一句话"沉浸书海是种快乐"摘录下来裱在墙上，抬头所见便是自己的话语，给孩子的岂止只是鼓励。

来自行动提炼的座右铭：学习讲究方法，更讲究兴趣。（赵恬晨）

到了六年级，恬晨虽是女孩却比男孩还叛逆，作业敷衍了事，放学沉迷手机无法自拔，一次次的挫折，让学生深陷习得性无助的泥淖而无法自拔。那么于她，我更应采用滤镜效应，尝试在她的错误行为背后寻找出正确的诉求。在潦草的字迹背后，我看到的是她愿意完成作业的正向意愿；在她特立独行的着装背后，我看到的是她渴望获取关注的需求；在她涂鸦的课文插图中，我看到了她适合画漫画的特长……人与人之间的滤镜全是偏爱，所以哪有什么完美的人啊，所有的滤镜不过是一双偏爱的眼睛。

因为这种不一样的"偏爱"，我与她建立起不一样的师生关系，这完全是一种欣赏的眼光。她开始变得阳光自信，遇到我不再是畏畏缩缩，语文作业的质量也越来越高，在一次单元测评中她竟迈入优秀的行列。我戏谑地问她学习的窍门是什么，她坦然答道："方法很重要，但兴趣更重要。"

来自自我鞭策的座右铭：成功没有捷径，全靠点滴积累。（张淳楷）

最近的淳楷有点浮躁，常常出现眼高手低的情况，看着他的状态，家长非常着急。这其中既有其心理、生理的原因，又有我们家长自身的缘故，因为父母给予他太多的期望。其实孩子的成长是一个曲线前进的过程，该曲线是以螺旋的线条——进步、退步、再进步——向上发展的，也就是说，当孩子的某一项能力发展成稳定状态后，往往会出现一段混乱的时期，等他熟悉了之后，就会再往更成熟的境界成长。

因此面对淳楷最近的波动，我更多地以一种平和的心态去影响他，如每次饭后的专属聊天时间，自修时的放风时段。孩子成长是有他专属的节奏，弦抓得太紧反而容易绷掉。在一段时间的沉沦后，他蓦然清醒，写下了自己的切肤体会。

很多学校、班级耗费大量的人力、物力，张贴悬挂管理理念、格言警句、校规校纪、安全标语、防病常识等，把校园装扮得五彩斑斓，结果如何呢？学生大都视而不见。在"班级公约"中，"节约水电"的字样赫然醒目，但大课间、体育课，乃至放学后，教室里空无一人，可很多班级仍然灯火通明、电风扇飞转、"班班通"多媒体电子屏大开。由此可见，让墙壁说话绝不能一贴了之！简单地贴贴画画，充其量是把白墙变成彩墙，根本收不到理想的教育效果。

因此，贴在墙上的话我们要让学生自己说，说童年生活、说未来梦想……在正向的思想领域自由表达、纷呈绽放。学生应该成为班级文化主体中最核心、最关键、最有资格、最高频率的发言人。学生的实践照片在说，绘画作品在说，发明创造在说，获奖证书在说，日记作文在说，甚至学生推荐的故事、美文、图书、画片等，都代表着他们各自的心声在说……那么，孩子的天地无限广阔，孩子的平台随性拓展，孩子的发展不可限量。

如何让墙壁发挥其应有的育人作用呢？

其一，讲究一个"新"字。通常，我们精心制作的墙壁文化几乎都收效甚微。不少学校的校园文化高度雷同，从教室到走廊，悬挂的大都是格言警句、名人画像，内容不外乎爱国孝亲、勤奋惜时、奋斗自强等常规话题；人物大都是牛顿、爱因斯坦、居里夫人、钱学森、邓稼先等科学巨匠；规格形式大致相同。学生从一年级看到六年级，一年级时因为看不懂而没认真看，长大后，因为司空见惯根本没兴趣看。结果，在孩子们的心目中，这些格言警句、名人故事，犹如壁纸上的图案，从来没有认真看一眼，更没有用心琢磨过它内在的含义。许多事实证明：千篇一律、陈旧老套、一成不变的东西，学生不喜欢，自然不会多看一眼。要让墙壁说话，就要与时俱进、推陈出新，不断超越突破。

其二，眼中要有个"人"字，即"以人为本""以师生为本"。因为墙壁文化的创意和设计者是校长、主任或教师，唯独不是学生，他们关注的是学校的需要，而忽略了学生的接受能力，于是文化成为摆设，没有发挥应有的教育作用。其实，让墙壁说话并不难。只要能够以生为本，从学生的实际出发，用学生喜欢的形式和语言去打造校园文化，就一定能取得良好的教育效果。

以我手写我心，用自己的语言表达自己的心声，学生们读得懂、记得住、愿意看。展板凝聚着他们的汗水和智慧、情趣与期待，创作带给他们快乐和幸福。所以，他们喜欢班级文化墙，也愿意主动学习其中的文化知识。

由此可知，学生不是旁观者，也不是观光客，他们是班级的主人，要想让每一面墙壁说话，没有学生的参与是不行的。

疏导：班级心情晴雨表

"俞老师，这是今天的班级心情晴雨表。"每天茶歇结束时，值班班长都会准时将本班的晴雨表交到我的手上。这是本学期的第47张，在值日班长众多的工作中，有一项既平凡又需长期坚持的工作——班级心情晴雨表的填写，要求雷打不动按时上交。如果哪一天，我刚好外出，则由班级的副导代劳。

班级心情晴雨表采用田字格的形式，四个方框里分别是值日班长需要填写的四个任务。任务一对今天全班同学的心情状况进行评价，配图为阴、晴、雨、多云四个天气图标，值日班长只需在对应的方框里打勾即可；任务二记录今天班级开展的活动和同学们热衷谈论的话题；任务三收集今天我们班同学在学习、交往、适应、情感等方面遇到的问题；任务四根据同学们的困惑与实际问题提出自己的建议，主要想探讨基于学生立场的问题解决策略，避免成人思维的一厢情愿。

这又是一张不寻常的表。值日班长作为同龄人，对于班上同学心情变化的观察与记录，有着"近水楼台先得月"的天时与地利，更有着"闲花落地听有声"的敏锐。由"表"及里，班级晴雨表以天为单位，反馈着班级学生们的喜怒哀乐，班主任通过班级晴雨表能第一时间掌握班级的心理状态。针对个别特殊值得关注的学生建立星级指数，及时与家长、心理老师沟通、联系，商定心理保护机制，对于日常的班级管理工作是一个很好的助推。

我逐栏审视，目光落在任务三中，值日班长是这样记录的：每次下课，阳阳带着一帮朋友在小旭的课桌边晃悠。他们故意碰掉小旭的文具，一旦小旭被激怒回击，他们就一起欺负他。短短两句话，却揭露一起校园欺凌事件。小旭是班上的特殊儿童，性格略有些暴躁，又不善于表达。一旦和同学发生矛盾常以大声尖叫、辱骂来维护自身权益，这种偏激的方式不太受同龄人待见。如无"晴雨表"的及时反馈，遇到小旭和阳阳发生争吵，我是否会将其又归因于人际交往问题，而忽视了其中深层次原因。

看看时间，托管即将开始。我先找了几个班干部，仔细询问又了解一些细节，知道矛盾的起源是一日小旭的一支奥特曼的限量笔不见了，恰好被阳阳捡到，于是小旭一口咬定是阳阳偷的，两人因此结下了梁子。

然后我把阳阳叫到办公室，楼下花园里传来了一年级学生嬉戏打闹的笑声。

"阳阳，老师发现最近你学习态度端正了不少，再也没有忘做家庭作业了。"阳阳抿了抿嘴，黑魆魆的脸庞露出羞赧的笑容。

"你可要坚持哦！"他捣蒜般点了点头。

"最近有任课老师反映，下课时你常带你的一帮哥们去逗引小旭，然后趁机欺负他。"

"没有的事，俞老师。我们只是和他在开玩笑。"继而愕然地张大嘴，不予置否左右环顾。朝夕相处那么些年，我很清楚他的这个表现。这是阳阳被人戳中真相的常见反应，夸张的动作只为掩饰内心的不安。

"玩笑？你们一群人欺负小旭已经属于校园欺凌的范畴，这要受到法律的严惩。老师知道上次因为当众被小旭冤枉是小偷，你心里肯定很不舒服。同学们都相信你不会做这样的事，但是你耿耿于怀，借题发挥去找小旭的茬，就有失厚道了。"他被洞穿了心思，马上羞红了脸。

可是嘴上仍负隅顽抗："老师……没有的事。"

"小旭的确有时候非常武断，但他的内心是善良的。作为班级的一分子，我们有时候能不能多理解他一点，大度一点，你看可以吗？"他不好意思地摸了摸后脑勺。

"老师相信咱们的阳阳是一个有格局的人，不会因为鸡毛蒜皮的小事而影响同伴关系。下次受到委屈，你也可以找老师来聊聊。"说着拍了拍他的肩膀，阳阳不由自主地挺直了腰杆。

接着，我也和小旭聊了聊："最近，老师发现阳阳常常在课间来找你麻烦？"

一听这话，小旭低垂的眼睑顿时睁开了："俞老师，他常常和几个同学一起欺负我。"

"老师刚才对阳阳进行了教育，对事情发展我也会积极关注，你放心。如果他们再来欺负你，你要及时找我或者找班长，没有任何人可以在学校里欺负你。"

小旭很开心地点了点头。

小同伴争端、班级潮流、意见申诉……因为班级心情晴雨表的存在，让班主任教师多了一个沟通的渠道，一双观察的眼睛，让异化的"反映问题"有了正规的渠道去转变学生的错误认知。

看心情晴雨表，知班级心理气象。真正优秀的班主任擅长的并不是解决问题，而是借一双慧眼去发现问题，扼杀问题于萌芽状态，进而腾出手做更多想做的事。

共育：我和我的德育导师们

从 2015 年鄞州区推行德育导师制，每个班级除了首席德育导师，还或多或少配备了 1~2 名的德育导师，形成一个育人团队。国家教育部发布的《中小学德育工作指南》中指出，要"努力形成全员育人、全程育人、全方位育人的德育工作格局"。让科任教师参与育人工作，发挥自身优势，做到"人人有导师""生生有导师"，为学生创造良好的德育环境。班级的德育工作不再是班主任单枪匹马的自留地，而是任课教师共同探讨的话题。

显然首席德育导师在践行"全员育人"时，起着极其关键的引领和融合作用。那么，班主任要怎样经营班级教师的德育共同体，为学生的健康成长保驾护航呢？

一场双向奔赴的选择

一般来说，德育导师制下每个导师都会结对班上的一部分学生，进行定期的谈心与思想沟通。这种机制不仅为学生提供更多的关爱与引导，也让导师们有机会深入了解学生的内心世界，从而制订更为精准的德育方案。但在实践操作中，因为选择的导师并非自己"看对眼"那位，在沟通中可能会有沟通不畅，让谈话机制流于形式。

于是在选择前，我会让学生先行组队，让他们在小组进行充分的讨论形成小组的意向，确定自己想选择的德育导师。建立在情感基础上的选择天然有一种亲近感，更能激发学生的倾诉欲望，让沟通时能多说说心里话。自然，我也会与德育导师们进行沟通，充分尊重他们的意愿和专长，确保每位学生都能找到最适合自己的导师。这样的双向选择，避免了"拉郎配"，保证了沟通的效率。

至于谈话的形式，一般由学生团队和德育导师自行约定，可以一对一，也可以一对多，主要根据需求来确定。针对最近孩子们都迷恋购买盲盒笔这件事，德育导师赵老师就开展了一次沙龙式的对话形式，将孩子们邀请到英语吧，事先还准备了点小零食，在轻松的氛围中，赵老师引导孩子们探讨盲盒笔背后的消费心理，以及理性消费的重要性。这样的对话，不仅让孩子们感受到了被尊重和理解，消除了说教味，让他们更易于接受。而个别性的问题，则采用了一对一的谈心方式。谁的情绪最近出现了波动，或者谁的学习状态出现了滑坡，赵老师就会化身"知心姐姐"在秋实农庄或果园，闻着花草的清香进行深入交流，耐心倾听孩子的烦恼，并给予积极的引导和建议。

在轻松的氛围里，学生放下了戒备和顾虑，只有师生间心与心的交流与碰撞，教师能更为真实地感受学生的所思所想，进行必要的引导，此外，谈笑之间也有利于增进师生的情感。"关系是最好的教育"，师生关系良好、平等、真诚，教师的工作就更为顺畅。教育的发生，是在师生之间相处过程中耳濡目染的习得，闲谈间的教育效果，比刻意的说教更有效、更持久。

此外，在郊游、志愿服务等活动中，我们也会将德育导师和学生团队统筹安排。在活动中，导师们能够更直观地观察学生的行为表现，从而制定出更为贴近学生实际的德育策略。同时，这些活动也成为学生们宝贵的回忆，加深彼此间的了解和信任。

课堂，育人的主场

角色的转变，唤醒了教师的育人意识。他们不再孤立地看待自己的学科教学，而是努力将自己的课程衍生成教育的载体，深入挖掘学科知识中蕴含的德育元素，使每一堂课都成为对学生进行思想引导、情感熏陶和价值观塑造的重要阵地。德育导师们不再仅仅满足于知识的传授，更注重于学生品德的培养和人格的塑造。他们以身作则，通过自己的言行举止，向学生传递正能量，引导学生树立正确的世界观、人生观和价值观。

低年级数学的教学情境来源于生活。因此小学数学是引导孩子从学习知识的过程中，体会生活处处有数学，最终，让孩子学会知识本领慢慢走进社会，适应社会的生存。在阿毛老师的课堂里，我常常可以看到生活情境的模拟。

一次上两位数加减法，她提前准备好15支铅笔，18个本子，11块橡皮等学习用品，拉一张空桌子就"摆摊"："小朋友们，今天，我是文具店老板，你们看到什么，想买吗？"学生马上踊跃参与。

一轮角色确认之后，进行角色互换，让学生当老板，自己做顾客。

一个问："这有几支铅笔？"阿毛老师故意迟疑了一下，"你确定这样问吗？尽管顾客是上帝，但在生活中不管对方是何种身份，我们都要保有必要的尊重。"

听闻此言，学生不由吐了吐舌头："你好老板，这有几支铅笔？"

"哇，真是聪明的孩子！一点就透"阿毛老师毫不悭吝地送上了自己的夸奖。

低年级孩子参与现实的情境中学习，能够获得真实的学习体验，恰恰验证了"读万卷书，不如行万里路"的真理。亲身经历的感受比说教的印象更为深刻。

这样的例子在课堂上越来越多，德育导师们巧妙地将德育内容融入学科教学，让学生在学习知识的同时，也能感受到道德的力量。他们通过引导学生讨论社会热点话题、组织角色扮演等活动，激发学生的思考，培养他们的批判性思维和道德判断能力。同时，德育导师们还注重培养学生的团队合作精神和社会责任感，鼓励他们积极参与志愿服务等社会实践活动，将所学知识转化为实际行动。

在德育导师制下，教师真正成为学生心灵的引路人。

从"我"到"我们"的升华

"教育不是单打独斗，而是团队作战。"德育导师团队的默契配合，能让教育力量几何级增长——共同关注品德与心理，深耕学科素养，双方携手为学生铺就全面发展的道路。这种"1+1>2"的合力，正是教育最美的模样。

以谦虚的人格魅力、出色的教育素养赢得导师团队的内心认同。首席德育导师自身的人格魅力、教育素养不仅对学生，而且对其他导师也会产生"凝聚力"和"吸引力"，促使导师们获得在本班级授课的幸福感和受尊重感。首席导师的这种核心纽带作用往往是通过使其他导师获得某种程度的"核心感"而实现的，这种内在机制是形成全员育人的特征之一。

教育这条路，真的很难走，既想要学生的爱，也想得到学生的尊重。作为德育导师的赵老师虽较我晚一年毕业，但她在业务上的日益精进却早于我，毕业没几年就获得宁波市英语教坛新秀的荣誉称号。有了她的助力，我的班级管理自然轻松不少。巡视班级，开展学业指导也是她每日必不可少的功课。

"哇，刚吃完午饭就你忙着准备写作业了！"望着摊着一堆作业正在神游的豪同学，赵老师一进教室就是一番夸奖。说得小豪有点挺不好意思的，只得讪讪地抽出英语作业本。她没有追问学生不做作业的原因，因为你问"为什么不做作业"，他的大脑思考的就是"不"的理由。而你说"要"，学生的大脑就会给自己寻找行动的理由。

"看来你很会规划，知道英语作业少先做。从简单到复杂，不断增加挑战的难度。"见孩子已经开始行动了，赵老师又予以语言上的跟进，巩固他的行动力。面对赵老师毫不悭吝的肯定，原本打算在中午"磨洋工"的小豪同学，也开启了他的学习之旅。

过去，因为没有人助力，班主任往往单枪匹马一人作战，常常是两眼一睁忙到熄灯，一进学校便围着学生转，身心俱疲却效果平平。而现在，有了德育导师团队的助力，班主任的工作压力大大减轻，同时教育效果也得到了显著提升。

在陈琴老师与小沙老师担任我们班德育导师时候，只要与音乐、美术学科相关的领域都由他们领衔负责。先讨论确定大致的方向，之后的具体操作更多的是以她们为主，我只需无条件地配合即可，她们凭借专业的艺术素养和丰富的经验，总能将活动组织得有声有色，让学生在参与中感受到艺术的魅力和团队的力量。无论是舞台上孩子们自信的表演，还是教室里一幅幅精美的板报，都是她们辛勤付出的见证。这样的分工合作，不仅让我有了更多时间去关注班级的其他事务，也让德育导师们的专业价值得到充分的发挥。

此外，德育导师团队还注重与家长的沟通与合作，共同为学生的成长营造良好的家庭与学校环境。通过定期的家长会、家访以及线上交流等方式，导师们及时了解学生在家的表现与家长的期望，共同探讨教育策略，形成家校共育的良好局面。从"我"到"我们"的升华，不仅体现了德育导师制在班级管理中的重要作用，更彰显了教育团队作战的强大力量。

在共育的道路上，我和我的德育导师们不仅是同事，更是携手前行的伙伴。我们共同面对学生的成长挑战，分享成功的喜悦，也一起探讨解决难题的方法。这种紧密的合作关系，让我们的教育之路不再孤单，也让学生们感受到了来自多方面的关爱与支持。

跨界：爱到微时是熟时

"同样的时间，不同的声音；同样的旋律，不同的内容。欢迎大家来到'南瓜屋微电台'……"每周五晚上7：00，班级微电台的主持人的声音准时响起。

美国诗人惠特曼在一首诗里曾经说过："若一个孩子每天朝前走去，那么他看见最初的东西，他就变成了那东西……"真正的教育，关注的是生命和心灵，而不仅仅是知识的传授和能力的培养。"让一个孩子像孩子一样地生活""让教育像教育一样柔美地发生"。

偏食、挑食对小学生而言是一个老大难问题，每天中午只随意扒拉了几口饭便将整盘餐倒掉，看着这面呈菜色的小脸，心里总有说不出的难受。冰心曾说过，"讲故事是孩子们最喜闻乐见的，也是孩子们最容易接受的一种教育形式"。受"十点读书"的启发，我想我们班级为什么不建立一个微电台，将有声的语言转成无声的教育，将班级中发生的小事编撰成"南瓜屋的故事"，让学生通过听故事，读故事，明白为人处世的道理，甚至从中找到解决问题的方法，打开教育无法企及的领域。于是，我赶紧用微信申请了手机App，将刚写的故事《瓜瓜爱"光盘"》录了下来，推给了全班家长。

瓜瓜是个挑食的孩子，他最讨厌吃鸡毛菜。每次把菜塞进嘴巴的时候，他感觉就像无数只毛毛虫在咽喉里蠕动。所以一遇到吃鸡毛菜的中午，对瓜瓜而言就像世界末日来临一般。他一有机会就趁蝈蝈老师不注意，偷偷把鸡毛菜扒拉到盘子底下，再神不知鬼不觉地把它倒掉。

可是最近南瓜老师盯得可紧了，那眼神就像探照灯一般"唰"地扫来，"唰"地扫去……

因为描述的就是孩子们自己的生活，家长们纷纷反映孩子们听得可入神了。听完后纷纷表示也要向瓜瓜同学学习，让值周老师给自己拍个"光盘照"，争取早日成为"最美学子"。果然中午吃饭时分，情况有了很大的改观。

针对孩子们不好好午睡，我就写了《午睡小插曲》；针对班级垃圾桶旁边总是有垃圾屑，"瓜瓜"就变成了环保小卫士，提醒孩子们丢垃圾要瞄准了再"开炮"……成天的说教对于孩子们来说就像孙悟空的紧箍咒，常常不愿听。但孩子们喜欢听故事，愿意去模仿。在习惯的养成上，"南瓜屋的故事"给孩子们做出了好榜样，指引他们前行的方向。

对栏目的内容，我们不再仅仅局限于记录行为习惯的校园故事，还开设了"日有所诵""童心童语""红星闪闪"等栏目。这些节目，短的需要1分钟，长的需要5分钟，有些甚至还需要分一个月时间来完成。特别是"日有所诵"节目更是让孩子们每天都录制得意犹未尽。无论是早上起床时、放学回家时还是晚上睡觉前，他们都能利用这些碎片化的时间诵读自己喜欢的文章，有时候是一篇，有时候一读就是四五篇，常常停不下来。

柴语萱在她的周记中这样写道："不敢想象我竟然迷上了朗诵。每天录音的时刻是我一天中最为放松的时刻。每次录完后，我都会去听听自己的声音是否清晰、吐字是否清楚准确，我对语言文字的把握及鉴赏水平获得了前所未有的提升。经典美文、优美诗词、幽默故事让我发现生活的精彩，生活中并不缺少美，缺少的是发现美的眼睛。虽然录音会占用课余时间，但是让我学会了合理安排自己的时间。"现在，朗读录制已成为语萱同学每天的"必修课"，她坦言自己会一直坚持下去。

当初开通电台是希望能记录孩子们的成长故事，学生们的积极参与是始料未及的。没想到，录了几期后获得了家长的热烈支持，将每天的录制当成一次实践机会，用自己的声音记录美好的童年。

除此之外，我们还专门开辟了一档"南瓜闲话"栏目，每周和一个孩子聊聊学习、生活琐事，或就大家感兴趣的话题一起侃大山。有时还会邀请德育导师或者家长一同参与聊天。在聊天的时候，我们总能发现孩子平时不易察觉的内心世界，这时我们只需静静地当一个听众就好了。

我们聊偶像，逸飞希望自己能像科比一样驰骋在球场；我们聊困惑，心怡谈了自己和好朋友相处的一些误会；我们聊糗事，谈起彼此未取得理想成绩的无奈；我们聊建议，希望纪律委员在管理班级时的分贝低一点……因为有了不一样的对话渠道，不少青春期的问题能及时排解，在听别人故事的同时是一个关照内心的过程。

"处天外遥望地球很小，居体内细察心域极宽。"教育极细微，如同我们站在天外的位置遥望地球，它是一颗极小的星星。育人者，做的成绩再大，也注定平凡，仅是宇宙的一粒尘埃。而一旦触摸到教育的脉搏，人们会发现，她又是一个宏大的世界，甚至终其一生，也认识不尽、挖掘不尽。理想的教育，是学生、教师、父母都同时具备教育者和被教育者的身份——这是圆融完满的生命教育。作为一名教师，我的力量始终有限，且精力总有穷竭的一天，调动和唤醒父母，才是更好的方法。

为了让更多的家长参与进来，我开设了"家庭剧场"和"方言对对碰"两个亲子互动栏目。这两档节目与其他节目不同，它需要调动全家人的力量，孩子和家长一起来参与。嘉琪同学悄悄地告诉我："为了录广播剧《小英雄雨来》我们是全家总动员，不光连一年级的弟弟也参加，甚至平时下班难得一见的爸爸最近也早早回家陪我排练，我没想到我爸爸还挺有表演天赋的。他一人分饰两角——交通员李大叔和日本鬼子，演得活灵活现。"有时为了录制更为地道的宁波方言，孩子们还要请教自己的爷爷奶奶，看着三代人其乐融融地参与录制，我觉得南瓜屋微电台已经不局限于电台，它记录了孩子们的童年生活，拉近了亲子关系，更给了孩子展示自我的机会。后来，不少孩子脑洞大开，自己尝试写剧本，再邀请家人来演绎，南瓜屋微电台成为孩子发展自我的舞台。

坚持把简单的事情做好，就是不简单；坚持把平凡的事情做好，就是不平凡。

所谓成功，就是把简单的事情，坚持做，重复做，用心做。

时光荏苒，微电台创设也有近两年的时间，我找到了一条通向孩子心灵的捷径。就是这样一个微电台，它是孩子和孩子对话的平台，更是孩子和老师对话的纽带；它是孩子和父母对话的桥梁，更是孩子对自己内心世界的反观。

布鲁纳心理学提出：教育要以孩子喜闻乐见的形式悄悄地发生……而微电台就是以这样的形式尝试跨界，在有声中散发出属于它的光芒，让更多的人收获更多能量。

🖤 兼爱：我为冰雪男孩织围巾

2018 年的冬天好像比往年更冷一些。

一张"冰雪男孩"刷爆了网络。照片中 8 岁的小男孩名叫王福满，身着一件薄薄的外套，侧身站着，脸蛋被冻得通红。因为他在零下 9 摄氏度的气温下，徒步走了 4.5 公里山路参加期末考试，眉毛和头发上结满了白白的一层冰花。

在鲁甸县新街镇转山包小学还有很多像小福满一样的同学，他们大都是留守儿童，大冷天还穿着单衣单裤，没有所谓的围巾、手套。为此，《辅导员》杂志发起了募集令，希望更多的班级参与这场献温暖的活动中。当我把这则消息告诉孩子们的时候，看着同龄人的照片，馨予忍不住小声地啜泣着。

一

围绕"我们能为'冰雪男孩'做些什么？"一场班务讨论开始了。

梓欣同学说："我们为他们织围巾、手套吧，让他们在寒冷的冬天也能感受温暖。"

"可是我们不会呀！"劲麟眉头紧蹙，提出了质疑。

"不会可以学呀，我奶奶就是一位织毛衣高手。织围巾和手套肯定是小菜一碟。"子言马上提出解决办法。

"那我们赶紧行动吧，向爸爸妈妈去要点零用钱。"发提议的是科涵同学。

"同学们，我觉得这次献爱心的启动资金最好通过我们的努力实现。如果向爸爸妈妈伸手要虽然简单，但却少了点心意。"同学们纷纷点头，支持我的观点。

"那我们把家里的报纸、硬纸板收集起来，到废品回收站售卖。"

劲麟马上提出第一套方案，估计是出于负责班级的"搭把手"事宜的缘故。

我点头表示认同，追问道："大家还有别的建议吗？"

"俞老师，我们可以发动全班同学举办一次跳蚤市场，那样既能处理家中闲置的物品，又可以获取善款。"说话的是淳楷，不愧是班长，很有卓识远见。

因此，"南瓜屋"开始积极行动起来。宣传组的语萱、馨予为这次义卖设计了图文并茂的海报；物品征集组的正亮、高晟、皓程，一下课就将同学们捐献的物品登记造册；售卖组的涵予、秉艳为这次活动定制了工作服，黄色的围裙，黄色的头巾，十分契合"南瓜屋"的主色调。

第二天中午，一吃过午饭同学们便在操场上摆开摊位。因为早早贴了海报，没过多久摊位上就人头攒动。售卖组扯着嗓门大声吆喝，为吸引大量的顾客，还实行组合捆绑售卖——买一送一，甚至还贴心地赠送礼品包装袋。因为馨予家开了印刷厂，所以孩子们从厂里淘到了不少商品的周边，诸如贺卡、包装纸等。一元、两元……一个中午的营业额有475.6元，数完钱同学们的脸上都乐开了花。

二

有了启动资金，一放学孩子们在家长的带领下直奔百货店，挑选了各色的毛线以及毛线签，准备织围巾和手套。

大家把根据地安排在了恬晨妈妈的店里，这是一家只有一间铺面的鞋店，六年间成为了"南瓜屋"的一个据点。一群人的蜂拥而至，肯定会影响生意，但赵妈没有任何怨言，总是乐呵呵地欢迎每一位到访的家长和孩子，有时还给大家做些美食垫垫饥。

孩子们两两合作，先手忙脚乱地把毛线团纺成线圈。为了顺利完成这次编织任务，孩子们请来最强外援。他们是柴语萱妈妈、王梓欣妈妈、高晟妈妈、赵恬晨妈妈……"南妈们"手把手教孩子们握针、起头、绕线，可是往往没织几针就"塌针"了，几位妈妈只得手忙脚乱帮着修，往往是这边刚解决问题，那边就出状况了。忙活了半天，发现只是刚开了个头。就这样一个星期的时间，拆了织，织了拆，围巾在大家的努力下渐渐地变长。完工那天，同学们忍不住试围了一下，发现超软、超温暖。手套因为难度实在太大，只能交给"南妈们"代劳了。

爱心需要培养吗？回答是肯定的，每个人的行为习惯是后天培养的。爱心比较抽象，如何才算是有爱心呢？关爱亲人、帮助弱势群体、同情弱小、爱护花草树木等，唯有一步一步地了解并行动，才能做个有爱心的人，将生活变得更加美好。

"爱出者爱返，福往者福来"，你给爱，爱会回到你的身边；你给别人福气，别人也会把福还给你；如果你损害了别人，别人也会倒过来损害你。这是一个特别朴素的中国民间智慧，但是很多人在面对利益名声功利的时候就做不到了。因此在孩子的童年时代就应该播下善的种子，等待它的生根发芽。

三

我挑了一个放学的时间，带着孩子们到菜鸟驿站，把我们的爱心打包寄往云南省昭通市鲁甸县的新街镇转山包小学。随着物品寄去的还有同学们手写的一封信。

鲁甸县新街镇转山包小学的同学们：

你们好！

我们是浙江省宁波市鄞州区邱隘实验小学 303 班"南瓜屋"的小南瓜们。当班主任俞老师把你们的同学——"冰花男孩"的照片给我们看时，我们都红了眼圈，照片中的他头顶冰花，满脸通红，双手红肿开裂，但却十分坚强，露出笑容，很令我们佩服。

当俞老师告诉我们能为你们亲手制作一套帽子和手套时，我们开心极了。我们拿来家里闲置的书籍、玩具和手工艺品，通过学校组织的"爱心义卖活动"攒到了购买针线的钱。

接下来，我们跑到大卖场里购置了毛线和针，我们挑的是黄色和棕色，希望你们喜欢。然后我们互相合作把毛线理好，开始编织帽子和手套。虽然我们的技术不够娴熟，但是我们互相学习，互相帮助，终于把帽子和手套织好了，希望你们喜欢！

爱你们的小南瓜们

没过多久，活动的组织方给我们寄来一张奖状，同学们也没有想到还能收到如此热情洋溢的回信，都显得特别兴奋。如今这张奖状还留在我们曾经教室的墙上。

对话：师生留言墙

"青春的风华被一笔一笔涂鸦，爬上眉间绽放了朱砂，流进心中滋长了牵挂，最后化作各奔前程的骏马，朝着各自的方向消失在茫茫天涯。"

这是留在厦门大学芙蓉隧道上的一首小诗。

游览厦门大学，最让我震撼的是一条长达 1200 米的芙蓉隧道。因为隧道内尽是各式各样风格迥异的涂鸦，皆出自厦大学子的一笔一画。有人说它是中国最浪漫的隧道之一，有人说它是一个无比美丽的"错误"，也有人说它是文艺爱好者的天堂。但我想说，它是关于青春芳华的美好追忆，是关于懵懂年少的文艺宝藏，是关于人生未来的无限遐想。

走进芙蓉隧道，便走进了一场青春与梦想交织而成的梦境，身处其中，目之所及皆是青春最美的模样。

"对话 + 回应"，才是真正的沟通。可是在班级的日常管理中，作为教育者的我们并没有广开言路，更多的是居高临下地发号施令，不允许学生有更多的质疑和辩解，他们只需服从、执行即可。长此以往，必然恶化师生之间的关系。于是模仿厦门大学的芙蓉隧道，在教室的板报旁开辟了一块专栏，命名为"南瓜留言墙"。以软木板做底，饰以绿色的藤蔓，并附上专用的便笺纸及图钉，希望它成为师生之间沟通的桥梁。

刚开始孩子们还是比较内敛的，不知道该如何在留言墙上表达自己的感想，只是零星出现几张颜色各异的便笺纸，其内容也无非是一些为自己加油的话语。为了让每个孩子接受这块留言板，我希望每个学生为自己定一个新学期的愿望，作为鞭策自己的动力。于是留言板第一次被花花绿绿的便笺纸占满，一下课学生就围在那儿，相互浏览彼此的愿望。

一段时间后，学生慢慢习惯在班级的留言墙上表达自我感想。纸条的内容很丰富：有给班会课提意见的，希望班会课的形式能更活泼；有同学提意见的，希望平时不要恶作剧；有要求调换座位的，能和好朋友做同桌……而我也会在每天到校后在留言墙前驻足片刻，寻找有没有更新的便笺纸，思考孩子们反馈的问题我该如何答复或处理。借助它，我及时了解学生的需求，及时反思并修正言行，调整班级管理方式。它是学生参与班级民主管理的渠道，也是师生关系良好发展的润滑剂。

有时，我也会将自己在阅读中遇到的有启迪性的语句，记录在便笺纸上，粘贴在留言墙上与同学们分享。如"世界上最亮的光芒，一个是太阳，一个是你努力的模样""想多了都是问题，做多了都是答案""看似不起波澜的日复一日，一定会在某一天，让你看到坚持的意义"……看似不经意的分享，却能给学生带去温暖和支撑、希望和力量。学生在他们的周记中写道："每每看到俞老师给我们的留言，都能感到一种被理解的妥帖，会生出一股被激励的能量，让我们在鼓舞中走得更远。"

留言墙的存在，成为师生之间沟通的桥梁。有时候是"俞老师，两周调换一次座位，您上周又忘记了！""俞老师，工具橱里的扫帚已经坏了，可以请生活委员购买。"让我这个有时候骨灰级"健忘症"患者有了治愈的良药。有时候是"俞老师您最近嗓子有点哑了，可要记得多喝水"，看得人心里暖暖的。印象最深的是它帮我优化的每日的作业量。因为学科老师都是各自为政布置作业，有时候单个学科布置的作业并不多，一旦所有的学科加在一起，那么作业量就超过了学生的负荷。有学生建议："可以请课代表将每天的作业记录下来，张贴在留言墙上，放学前请班主任进行协调布置。"有了这一步，不少任课教师在布置作业时，都会去瞄一眼昨天的作业是否合理，一般情况下都会自行筛选，确保作业真正达成查漏补缺的目的。

还有一件事给我留下了深刻的印象，是我们的毕炜皓同学"炮轰"我言而无信的留言："做老师怎么可以言而无信呢？明明答应我们要举办一次'南瓜屋'美食街活动。眼见着我们即将毕业，难道我们要带着遗憾去初中吗？"后面还有其他同学的附和。我见了首先是惊愕，继而马上想起的确有这回事，那年因为流感肆虐，有很多同学中招请假，班级濒临停课的边缘。为了避免交叉感染，我只好忍痛将美食街的活动取消，没想到时隔一年学生们依然念念不忘。我赶紧在第二天的晨会课，面对全班同学进行一次检讨，并确定了重新举行活动的日期，请德育小组积极行动起来。孩子们开心地欢呼起来，这得感谢留言墙，让我有机会弥补了孩子们的遗憾。

"学生的内心世界好比一把锁，谁掌握了这把开锁的钥匙，谁就能走进学生的内心世界。"在学校教育中，教师与学生之间的沟通既是日常工作的主要内容，更是实现所有教育目标的主要途径，它是班主任最为重要的教育技巧之一。

利用好载体，有效的师生沟通将有助于完成学校的教育、教学任务，实现传道、授业、解惑的教育目的，进而达成师生之间的心灵契合，建构教师理解学生，学生亲近教师的和谐师生关系。

课程

人见人爱的班本

　　每个班级都是由几十个鲜活的生命组成，他们有着自己独特的生命体验和成长需求。当我们把学生的需求加以整合，用课程的形式呈现出来，这就形成了独具特色的班本课程。

　　"南瓜屋"自 2015 年推行德育导师制以来，联合学生和家长共同开发了立体式班本课程，将散乱的德育实施路径串珠成线，开展序列化、系统化探索，有效实现"三全育人"。可以说班本课程是顺应孩子成长的课程创生，是为了满足学生发展的需要。六年的学习，如此具有班本特色的文化因子渐渐融入"南瓜屋"孩子的生命底色。

融生:"10 后"的"古籍修复师"

一本珍贵的历史古籍,一把自制的木槌,一瓶自行调制的浆糊,一位娟好静秀的老师,一群活泼好动的"00 后"小学生,他们将会碰撞出怎样的火花呢?

4 月 27 日下午,来自宁波市天一阁博物馆的古籍修复师丁老师为邱隘实验小学(203)班的学生们带来了一堂别出心裁的班本课——古籍修复师。

这次班本课的缘起是一堂介绍家乡的口语交际课,孩子们都不约而同地提到了宁波的城市精神——书藏古今,港通天下。但为什么将其作为城市精神却语焉不详。《中小学德育工作指南》告诉我们:德育工作要与综合实践课紧密结合,广泛开展有益于学生身心发展的实践活动。于是,我们决定开展一次城市底蕴的寻访之旅。

偶然一日刷到一个叫"二更"的公众号,那期栏目推荐了一个叫谢龙龙的古籍修复师,他在充斥着酸腐霉味的空间,一丝不苟、全神贯注地伏案工作,为一本本千疮百孔的古籍进行大大小小的手术。我蓦然明白,最好的教育便是体验。

我们试着联系了宁波市文化局,这一请求得到了罗健荣处长的热切回应,他帮我们联系了天一阁博物馆。于是一周后丁老师带着她的团队来到了南瓜屋。

随着一段幽默风趣的动漫视频,丁老师开始介绍天一阁,趣味横生的讲解加上搞笑的视频,引得同学们哄堂大笑,想必也让他们牢牢记住了"天一阁"源于《易经》中"天一生水、地六成之"。

随后,丁老师拿出一本古书和一本现代书,让同学们开始了"找不同",同学们一个个都瞪圆了眼睛,纷纷高举起小手,踊跃地讲述着他们的发现。

接着一张张破损的古籍照片在班级中流转开来，丁老师开始讲解古籍破损的原因——日晒老化，生物侵害，人为损坏。那么如何修复呢？一段古籍修复师视频让同学们大开眼界，个个看得津津有味。

通过视频，同学们对古籍修复师的步骤、方法有了初步的了解。丁老师便拿出了一沓连夜赶制印有《明代登科录》的书页，要求孩子们进行修补。于是这帮孩子们开启了笨拙且执着的"补洞"之旅。在修补过程中，同学们"事故"不断，不是整张纸都湿透了，就是洞越补越多，越补越大，但是他们乐此不疲，将永不放弃的精神充分发扬开来。当他们向老师展示自己的修补成果时，一张张稚嫩的小脸溢满着胜利的笑脸。

每一本古籍的修复，都需要经过复杂的工序和漫长的周期。虽然今天只有短短的 45 分钟，但是同学们看到了古籍修复师身上的一种坚守之美。

对于甬城藏书文化的认识，我们并没有浅尝辄止，在一个天高云淡的周末，我带着南瓜屋的孩子叩开天一阁的大门。沿着曲径通幽的小路，步入"天一生水"的藏书殿堂，孩子们聆听"分家不分书"范氏百年祖训。在走访的过程中，孩子们对天一阁亭台楼阁、砖石草木产生了浓厚的兴趣。于是我便要求他们确定自己的研究专题，通过查找资料、走访考证、对比研究做进一步的了解与探讨。

那段日子，饭后课余我们谈的最多的是天一阁，借助"研究进度表"我们实现无缝沟通，促进了思维的碰撞。历时两个星期，全班 38 个孩子，人人都拿出了 1500 多字的研究报告。

从行文格式来看，学生们主要采取"提出问题—解决问题—得出结论"的思路，研究过程有模有样，丝毫不比专业的差。从研究内容来看，有范钦生平、明州碑林、麻将馆、楹联文化的研究，有的还运用对比研究的方式将天一阁的明园与苏州园林的优劣之处进行比较……

孩子们让人耳目一新的研究成果让天一阁的专职研究员也大加赞赏。

我感觉孩子们离这个城市的脉搏越来越近，自然也就守住了文化的根脉。

《中国学生发展核心素养》中提出要以培养"全面发展的人"为核心，不仅要习得人文、科学等各领域的知识和技能，掌握和运用人类优秀智慧成果，还要处理好自我与社会的关系，增强社会责任感，提升创新精神和实践能力。

那么，班本课程只是媒介，关键是要让学生在行走中认识自己，成就自己。因此修书课程并没有仅仅停留在走走看看的阶段，而是以 PBL 项目化活动为载体，学思结合、知行统一。希望通过对主题活动的开展，探究蕴藏在背后的文化，将知识问题化。同时在每次活动结束后，通过讨论、总结、反思、归纳等方式，引导学生关注探究方法，启迪学生思维的发展；重建孩子对家乡的认识，帮助孩子提升感悟，获得对自然事物、社会事物以及自我的新知。

在主题探究活动中，要让学生有所准备地进入活动状态，筛选适合学生的探究主题，菜单式供学生自主选择，指导学生在特定环境中寻找感兴趣的研究主题，通过头脑风暴的方式明确研究方向。

人脑对事物的识记是非常短暂的，如果不能及时提取、处理这些信息，那么这些信息就会随着其他感知觉的冲击而消失。通过直接呈现、合作设计、独立分析等方式让学生在享受活动快乐之余，多快好省地做好记录，形成宝贵的思考的痕迹，书写属于自己个性手迹。

🖤 呵护：让我们大大方方谈性教育

有一天接到学生"举报"，说班里以小志为首的男生喜欢戏弄女生，常常恶作剧掀女孩的裙子，在听到她们惊慌失措的尖叫声，会爆发出心满意足的邪笑，导致被掀裙子的女生表示以后再也不穿裙子了。我意识到问题的严重性，决定召开一次有关性教育的主题班会，帮助孩子顺利度过这一成长的敏感期。为此，我开出了三剂"药方"。

解表方：分享经历，引导适当表达

首先，我将班会的主题确定为"男生女生如何正常交往"，和"小南瓜们"进行了一次深入的交流。

"最近老师接到有些同学的投诉，说某些男生常常欺负女生。有时候揪揪这个女生的辫子，或拽拽那个女生的裙子，这可不是一个男子汉应该做的事情。"话音刚落，班里好几个男生都低下了头，生怕与我那犀利的目光相碰触。我接着往下讲，"老师小时候，男女生总喜欢在课桌中间画一条'三八线'，谁的胳膊肘要是越线了，肯定会被同桌给顶回来……"

这时，原本垂头丧气的涉事分子不似刚才那般忐忑，都好奇地抬眼看我。我继续说："那时候我为了引起某个女生的注意，特意去欺负她。现在回想起来，觉得那样表达欣赏的方式是不对的。这样的恶作剧，反而会遭到女生的厌恶。"

当我说到这里，不少女生开始抿嘴偷笑。她们定然没想到，原来那些恶作剧，竟然是男生表达欣赏的独特方式，而几个"肇事"男生也不再正襟危坐。通过分享，我拉近了与学生间的距离。我笑着说："男女生交往中出现问题很常见，粗鲁的举动往往会让彼此都觉得尴尬。我们要正确把握交往的方式，类似的困惑老师小时候也曾遇到过。如果你们愿意，我可以做一个倾听者，与你们一起成长。"看着学生们若有所思的表情，我知道他们已经开始正视与异性交往的问题了。

怡情方：绘本"漂流"，走出猎奇误区

班会课后，我将适合学生阅读的绘本《为什么我是男孩》和《为什么我是女孩》推荐给了孩子们。这些绘本站在孩子的角度，将性别教育理论以图形化、立体化、数字化的方式呈现。

首先，我根据绘本上的图片，引导学生从男女生的发型、穿着、形体特征等方面进行分辨。出示"男女生兴趣爱好调查表"，请学生说说男女生兴趣爱好的差异。再进一步引导学生认识男女生不同的身体构造，借助绘本介绍生殖器官的科学名称及作用，请学生提出自我保护的做法。

除此以外，我还在课上进行了"开心大辩论"，带领学生思考：既然异性间有这么多不同，那到底是男生更好，还是女生更好呢？学生总结出了男女生的优点（女孩：优雅、可爱、细心、体贴、心灵手巧；男孩：勇敢、大胆、有探索精神）。通过总结优点，让学生在悦纳自身的同时，也学会尊重异性。

最后我总结说："其实，男生和女生都有值得别人学习的地方。所以，我们要学会尊重异性，平等相处、相互学习、共同进步！"性别教育绘本的使用，增添了课堂的趣味性和吸引力，使性别健康教育更符合小学生的心理特征和认知特点，带领学生在情境中学习知识，认识自身，帮助学生走出猎奇的误区。

固本方：游戏体验，学会适切保护

除了悦纳自身，尊重异性，小学阶段的孩子还要学会正确地保护自己，避免遭受性侵害。因此在第三次性健康教育课上，我以游戏为载体，让孩子们在体验中甄别正误，树立自我保护的意识。

在一个阳光透过窗棂洒满教室的午后，我亮出了事先准备好的红绿灯卡牌，在明确红绿灯的作用后，我提示学生，其实人体也有"红绿灯"。然后，我结合色彩鲜艳的泳装图询问学生："同学们，你们知道哪些是人的隐私部位吗？"学生很快分辨出可触碰部位和不可触碰部位。为了加深学生的印象，接着我安排了一个互动环节，通过四人小组合作，将可触碰和不可触碰的部位逐一填写在白纸上，并选派组员上台汇报，归纳总结出人身体上的三个区域：红灯区、黄灯区和绿灯区。这样浅显易懂，十分符合小学生的认知规律。

接着，我将话题引申开来："孩子们，在哪些情况下才会暴露隐私部分？"如此设疑激发孩子探索的兴趣，目标是让孩子们学会保护好自己的隐私部位。据此，我引导孩子们积极思考，认真参与，并将讨论重点整合成简明扼要的三句话：①无论男生、女生都要保护自己的生殖器官，不能随便被别人看到和触碰。②养成去厕所关门，洗澡关门，更衣关门的习惯。③男女同学相处时，言谈举止要有礼，热情适度尊重人，保护隐私讲文明。

与此同时，我再次提醒学生，在生活中我们要擦亮眼睛，学会分辨哪些举动是善意的，哪些是出格的。此次学习后，我还进行了一次小调查：当你遇到棘手的事你首先会找谁？选项包括父母、老师、姐姐哥哥、伙伴朋友等。这次间接暗示和鼓励孩子在遇到突发状况时，能勇敢地说出来，找到可以信任的人来帮助自己，避免悲剧的发生。

经过这样三次的性健康教育，诸如掀女生裙子等不良行为已在班级中彻底杜绝，男女生更能持一种相互尊重、彼此欣赏的态度一起学习，一起玩耍。

弗洛伊德性心理发展学说将人的性心理发展分为 5 个阶段，其中5~11 岁为潜伏期，儿童的性冲动主要转移到学习和充满活力的游戏活动中。弗洛伊德认为童年的早期经验和冲突能够持续影响成年后的活动、兴趣和人格。有调查显示，在中国有 9.5% 的女童和 8% 的男童都曾遭受过不同方式的性侵害，总数高达 2500 万人。触目惊心的数据告诉我们，把握好童年的性健康教育，对孩子成长有着至关重要的作用。

通过翻阅资料，我发现小学低年级阶段（6~9岁）是重要的启蒙学习阶段，这个年龄段的信息接收和学习将为孩子一生的发展奠定重要的基础。而在小学低年级阶段的教育中，性教育是不容忽视的一部分，甚至能决定他们一生的健康和幸福。在6~9岁时，儿童应该学习完整而适当的性知识，培养小学低年级学生对性的正确态度及积极美好的性观念，增强他们在性方面做正确决策，保持性健康以及保护自己不受性侵害。

案例中的小志等男生去掀女孩子的裙子，其动因也有好奇的心理掺杂其间，想知道女生和男生到底有何差别之处。这种对性别的好奇，应该得到简单与合理的满足，帮助其形成健全的性意识。

因此作为学校，应当根据学校教育指导纲要制定出符合儿童各年龄段的生理、心理特点的性健康教育目标、内容。儿童性健康教育的初级目标应该定位在让儿童初步了解最基本的性知识，防止儿童产生性压抑和性神秘的认识，确立起正确的性态度。同时，作为家长也必须明白一点，比性知识教育更重要的是性榜样的树立。如果父母每天的言谈举止相亲相爱、温馨和谐、相互赞赏，那无疑就是对孩子最好的教育。因为孩子们理想中的异性原型对应的正是他们的父母。应当和学校、社会一起，共同建构自然、轻松、科学的性健康知识普及环境，让孩子了解自我，真爱自我，拥抱美好的人生。

相生：落地生根的"秋收课程"

一路之隔，是一片广袤无垠的稻田。

春季，布谷催播，劳燕护耕，黄阡紫陌之上，农人把古老的土地犁开一条条垄沟，整理成齐整如方砖的秧圃，撒下稻谷的种子。春雨陆陆续续来过几次之后，秧圃上可以见到苗儿破土而出。待到秋收，稻谷脱胎换骨变成一种称作米的物质，空气一般滋养着人类和人类源远流长的历史。

随着城市建设的发展，充满设计感的钢筋水泥丛林逐渐代替了阡陌纵横的田园牧歌，整齐划一的街市布景取代了参差不齐的草丛苇荡。土地之于我们，劳动之于孩子，已经渐行渐远，模糊不清。现在不少年轻人已经丧失了劳动的热情，失去了劳动的精神，甚至对劳动还存在着偏见，并用这种错误的观点误导着下一代。

一个念头，在我脑海中渐渐成形，越发清晰：我要带着孩子们走入农田，吟诵一曲田园的赞歌。

我们一起来认识水稻

说来惭愧，对于生于斯、长于斯的孩子而言，竟然不认识江南的水稻，尤其是我们的班长劲麟同学，瞠目结舌，一副不敢置信的模样："俞老师，我们吃的米饭是从哪里轧出来的？"真应了《论语·微子》中"四体不勤，五谷不分"。

第一步，就从认识水稻开始。

也无须繁文缛节，一放学就让家长们带着自家孩子深入田间地头，去看一看、摸一摸、闻一闻我们的江南水稻。虽然和稻田隔着一段路，但是我可以清晰地听见孩子们的欢呼声，是如此兴奋，如此自由。然后，将观察所得记录下来完成一份"水稻身份证"，看谁制作得既准确又生动。

第二天的晨会，我们观看科普小视频，了解水稻从萌发、抽穗、授粉、灌浆、结实的整个过程，使学生对水稻成长过程有一个初步的感知。然后进行现场擂台赛，看谁能将水稻与东北大米、泰国香米进行清晰的辨别。因为有了前期的准备，这样的小检测根本难不住孩子们。

给自己的草帽涂鸦

劳动之美在于丰硕的果实，也在于田间挥洒汗水的过程。草帽是人们割稻时不可或缺的劳动工具，避免日晒雨淋，也是上佳的遮阳用品。

对于整个活动的体验，我们不仅仅局限于一次割稻的过程，我们要努力实现大的融合，既培养孩子的劳动意识，又能提升他们的审美水平。于是我与孩子们有了下面的一番对话：

师：（出示农民戴草帽割稻的图片）小朋友看看农民伯伯头上戴着的是什么？它有什么作用？

生：农民伯伯在田里劳动的时候太热了，戴草帽可以凉快一点。

师：草帽不但可以遮阳，通过装饰还能美化我们的生活！（欣赏各种彩绘草帽）这些都是农民伯伯用颜料画上去的。你最喜欢哪一个？

生：我喜欢那顶小熊维尼帽子，小熊胖嘟嘟的很可爱。

生：我喜欢那顶月亮帽子，戴上去一定很凉爽……

师：同学们想不想用颜料把草帽装饰一下，画出一顶与众不同的草帽？

于是一顶顶草帽就成为孩子们弥足珍贵的"艺术品"，有的画上了可爱的小熊，有的画成了浩瀚的星空……一笔一画虽说稚嫩，但是记录下孩子的生活体验，更体会到劳动也可以是一种美的创造。

我们的轩骐同学对自己画的蜘蛛侠草帽情有独钟，戴着他亲手绘制的草帽四处"炫耀"：参加培训班、去餐馆用餐……戴了整整一天，恨不得让全天下人都来见识一下他独具匠心绘就的艺术作品。惹得他妈妈在朋友圈吐槽：真不希望有人知道他是我的儿子。

有时，孩子某些疯狂的举动需要我们家长的支持，这是与我荣焉与共的赞同，更是另一种方式的陪伴——原来，你懂我！

下田去割稻

亲自下田割稻，对孩子而言是一种全新的体验，但安全问题始终是悬在头上的达摩克利斯之剑。于是，请家委会的家长们再次来到田间，进行实地勘察，确保割稻活动的零风险。同时割稻时给每个组配备了家长助教，实时了解孩子们的情况。

"纸上得来终觉浅，绝知此事要躬行"，为了让割稻活动顺利进行，避免孩子们到时手忙脚乱，我提前给学生讲解了使用镰刀进行割稻的动作要领，并且编了一个简单明了、朗朗上口的分解割稻动作的顺口溜，让每个学生都能把割稻步骤了然于胸。

"身子要蹲下，适度往前倾；左手握稻根，右手拿镰刀。两手分上下，千万要注意；拉动手中镰，稻子就割下。"

于是正式开镰收割，每个小组在家长助教和教师的安排下，戴着自己手工绘制的草帽，开始了割稻活动。稻浪翻滚，一个个沁满汗珠的小脑袋冷不丁冒出来。虽然劳作的样子和专业的农人差远了，但这不妨碍劳作的快乐。

孩子在烈日下挥镰割稻，被晒得面红耳赤，他自能明白"谁知盘中餐，粒粒皆辛苦"的真谛；孩子们捡拾稻穗，累得腰酸背疼，他自会产生"一粥一饭，当思来处不易"的感叹……当我们收割完之后，全班同学围坐在稻田中，各自谈谈自己刚才劳动的感受。有的说有趣，有的说辛苦，不一而足，但都是孩子们最值得珍视的独特感受。

"劳动是一切知识的源泉"，通过割稻体验提高学生的动手技能，磨炼了意志，更让学生亲近了自然，体会到劳动的艰辛。同时，他们在劳动中互帮互助，同学之间相处更和谐，促进班级团结协作的能力。

用作品书写个性手记

在"秋收课程"的展示阶段，我们要求学生将秋收割稻整个过程中的所见、所闻、所想整理成文，将自己的研究收获以主题展示的方式进行阐述，书写属于自己的个性手记。

手记一，草帽墙。我们将孩子们劳动时佩戴的草帽收集后悬挂走廊上，成了一堵五彩斑斓的草帽墙。每一顶草帽的绘制都是孩子们丰富想象力的见证。

手记二，耕耘集。活动后，将孩子们在班级论坛中写下的感触汇编成册，传阅拜读，让劳动意识在孩子的心田生根发芽。

手记三，劳动榜。根据学生在课程实施过程中的表现进行综合评价，评选出"最佳割稻客"，并为他们拍照张贴在"劳动榜"上。但在评价中，我们不重短期重长远，不重结果重过程，不重知识重实践。

手记四，状元糕。将学生收割的稻米，经过晾晒、舂米等程序，在年底送到附近的作坊制作成年糕，作为期末奖品颁发给孩子们。既将劳动成果予以物化，同时对孩子又寄予新春的祝福。我们班叫南瓜屋，所以年糕的包装也是定制设计的。

我们的"秋收课程"以自然为师，向未来生长，使学生从课堂走向自然，从"形而上"走向"形而下"。通过这种形式进行适切的劳动教育有利于培养孩子们的劳动观念和劳动习惯，帮助他们在劳动实践中锻炼体力、激活团队的协作力，给每一个个体的成长留下深刻的印记。

秋天来了，孩子们最期待的秋收割稻又即将开启了。

劳动教育一直是我们中小学德育的重要内容，然而由于社会功利观念的影响，重"应试"轻育人、重分数轻成长等问题，劳动教育被"应试"教育的洪流不断淹没。我们常常看到有的德育活动搞得轰轰烈烈，但效果却差强人意。如何让我们的德育活动不再是一阵风，而是深入孩子灵魂深处？

劳动教育不能囿于一间小小的教室而缺少生活的烟火成色，应该在实践中培养学生的劳动意识。为此，我们借助校园围墙外有一片稻穗飘香的稻田，尝试利用这片稻田开展一个"秋收割稻"的劳动活动，让孩子们在这样的新奇活动中感受劳动的乐趣，发现劳动创造的美。

一日，因为城市建设的需要，校园外的这块稻田将要建成生态长廊，在一阵阵隆隆推机声里，一块块的稻田被夷为平地。我们的淳楷同学看见了，认为在城市化建设的过程中，虽然天更蓝花更美了，但对原有风貌的保护也是建设的需求，于是提笔给时任宁波市市长裘东耀伯伯写了一封信。没想到得到市长伯伯的回应，对生态长廊的部分规划进行了调整，保留了部分水稻田，成为人与自然和谐共生的见证。

忽悠：教师是最大的"骗子"

期中后我给孩子们购置了一套《老鼠记者》，全书共 60 本，全班孩子轮流借阅，每天的晨会课结束后进行交换。因为它是桥梁书，所以图文并茂，比较适合低段孩子阅读。为了激发读者的阅读兴趣，作者对部分语句进行了适当的夸张呈现。看着孩子们乐此不疲地读着，感觉这套书和当初的那套《神奇的校车》一样，还是物超所值的。

暖场的"阅读心得"

为了让孩子们保有阅读的新鲜度，前段时间在班内进行了阅读体会的交流。或许他们的文字并不精彩，但是教师读来，还是觉得意外的芬芳，这是属于他们的生命的涌流，没有过多的修饰，很纯很自然。

我爱《老鼠记者》

今天，我又拿到了心爱的《老鼠记者》系列丛书中的一本——《环保鼠勇闯澳洲》，我高兴极了。一到家，便迫不及待地从书包里拿出书，聚精会神地看起来。

这本书主要讲一只名叫杰罗尼摩的老鼠和一只叫帕蒂的活力鼠一起在澳洲旅游的欢乐时光和非比寻常的冒险故事。它们不乱扔果皮与纸屑，遇到困难从不退缩，处理事情更是机智果断，是值得大家学习的。

这本书不仅让我对遥远的澳洲有了初步的了解，还让我积累了好多好词好句。最值得一提的是，作者特意对人物背景和人物关系进行了详细介绍，让我阅读起来很轻松。

看完这本书，我已经期待下次的阅读，不知道我会换到《老鼠记者》系列丛书中的哪一本？（邵皓程）

因为要撰写阅读心得，使孩子们不得不用心审视自己手中的这本《老鼠记者》，这时的阅读已经离开对故事内容的关注，去留意过去曾被自己所忽略的部分。叶嘉莹先生曾说过：次一等的读者，能够体察到作者的创作意图；高一等的读者，则因文本兴发感动，体味出作者梦也梦不到的意蕴。而王国维先生所悟出的古今成大学问者的三重境界，怕是其中的集大成者。

"相由心生"

原以为日子就这样无声无息地过着，但当阅读进程过半时，阅读中常见的疲沓现象开始呈现出来：有的孩子，每天早上换书只是为了换而换，热热闹闹的换书背后却是阅读的冷清、萧条，其中一部分是随意翻翻，将桥梁书整成了画册，书页翻完一本书已经读完。有的孩子，为了显示自己的勤学，开始谎报"军情"，说自己已经看完绝大多数的书，现在已经无书可读。有的借到书后，将阅读的机会留给了书包……我们的阅读似乎也进入了"瓶颈"期，"兴趣"这位最好的老师似乎有些后劲乏力，是裹足不前、前功尽弃，还是重拾山河、整装待发？教师毫不犹豫地选择了后者。

兵马未动，舆论先行。教师特意在某天的晨会课，登坛说法，大张旗鼓、煞有介事地谈论"阅读与人外貌的辩证逻辑关系"。从儒家的《昭德新编》中的"静能生定，定能生慧"入手，大谈特谈阅读的作用，强调静心阅是智慧的母亲，它如海纳百川一般能孕育出无穷无尽的智慧，在你的心头播下慧根。进而联系到"相由心生"的典故，明确告诉孩子人的外貌与内心密切关联，如果心是花，那么相则是心田结下的果。只有多阅读，从书中汲取营养，一个人的容貌便会悄悄地变得更俊秀，反之只能日渐枯萎，面目可憎。

有人说"教师是最大的骗子"，总是忽悠着一群涉世未深的孩子，让他们误以为自己就是最受老师喜爱的那一个。其实多一点向真向善的心理暗示，即使在最严酷的寒冬，也不忘玫瑰的馨香。

秩序的建立，离不开冷漠的规则

低段的孩子阅读，因为认知层次的差异，往往需要教师去积极营造一个阅读场。当一群人聚集在一起共读一本书的时候，他就能从中汲取营养，如沙堆中的铁屑因为磁石出现和挨近而兴奋不安。于是，教师发出了一个倡议：每日的饭后20分钟就成为雷打不动的阅读时间，并将它落实到两个"不"：除了阅读，不做任何事；除了翻书声，不能发出任何声音。

绝对的武断，绝对的不近人情，甚至有点铁血，但是必要的秩序建立离不开整齐划一地砍枝剪叶，这是底线，也是游戏的规则，不谈违反，只论遵守。因为在二年级孩子的价值观中，事物之间总是相对立的两个面，不是黑就是白，不是对就是错，一旦你给予了模棱两可的解释，那之后的日子他们会变幻出更多匪夷所思的想法、做法。而自己饭后的第一站也必须是教室，巡视一圈直至满意方才离去。对那些明知故犯者，必须如秋风扫落叶般毫不留情，统统送入放学后"阅读习惯"培训班，至于是一个小时还是两个小时，全凭该生在培训班的表现而定。

阅读打卡，你我同行

对大多数人来说——无论是成人还是儿童，自律是靠不住的！来自人群的监督和奖惩，是维系社会道德伦理的最基本也是最重要的手段。于是我选择了朋友圈，要求孩子的父母每天进行阅读打卡。具体呈现方式如下。

我是_____，正在参加南瓜屋"阅读之星"的活动，今天是第____天，我阅读的是《_____》。

我要做的工作则是进行每日的点赞与编码，表明教师已看，或表达自己好恶。第一天我自己也尝试进行了打卡，将自己的阅读照片也发布在朋友圈中，以此来激励我们的孩子，让他们感受到教师与他们同在。希冀他们达到的目标，同样教师也应该做到。

没想到我的无心之举竟获得了班内不少家长的响应。他们也纷纷加入亲子共读的活动中，旋即他们也将自己的阅读照片悬挂在朋友圈中，想通过自己的垂范，成为孩子的榜样。

凝聚温暖的瞬间，

给心灵无限的归属感；

书籍从不言语，

却能给你安心的陪伴。

在如今各种娱乐或是电子产品横生的时代，很多孩子既没有时间去阅读，也没有主动读书的习惯。据《中国青年报》报道，59.2%的学生只用很少的时间来阅读书籍，甚至有6.2%的学生阅读时间为零，只有12.3%的学生花在阅读方面的时间比较多。跟孩子学说话和走路有最佳时间一样，阅读也有一个黄金时期，科学上一般认为阅读的关键期在14岁之前。

金庸曾说："养成读书的习惯，读书中找乐趣，这个乐趣是人家剥夺不了的。而且你遇到任何挫折，有个习惯是读书的话，什么失败什么挫折，都看不在眼里，不放在心上，而且会永远觉得一生很快乐。"可见，一个人的精神发育史就是阅读史。

如何让孩子喜欢阅读？

（1）放弃功利的心态。很多家长和孩子，对待是否阅读、读什么书、如何读书等问题，常常会以是否能提高考试分数这一标准来考量。于是，就会给阅读刻上深深的功利色彩。有的因为看书，还要布置写周记或读后感之类，这样做不仅破坏了孩子阅读经典的胃口，还让孩子损失了汲取养分的良机，更让孩子失去了感受快乐的乐趣。

我们需要正确看待阅读的目的。用著名诗人北岛的话说："读书与上学无关，那是另一码事：读——在校园以外，书——在课本以外，读书来自生命中某神秘的动力，与现实利益无关。而阅读经验如一路灯光，照亮人生黑暗，黑暗尽头是一豆烛火，即读书的起点。"

（2）点燃阅读的火种。身教重于言教，这句话用在阅读上面也完全适用。要让孩子爱上阅读，父母要身先士卒，点燃家庭阅读的火种，坚持每天阅读，不管是读书还是看报，首先要把家里的读书氛围营造好。家长们总说自己的孩子不爱学习，其实我们自己应该先以身作则，在家里多读书，不要总是捧着手机，保持学习的激情。

（3）体验阅读的快乐。读书之乐，源自何处？其一是购书之乐，应该让孩子自由购置自己感兴趣的图书，避免因为家长大包大揽导致买回来的书孩子压根不爱看，进而让读书成为一种煎熬。其二是收获之乐，事实证明对孩子来说读物过难或过易都是不适合的，通过分级阅读选择与孩子年龄和认知水平相匹配的读物，循序渐进地提高他们的阅读能力，为培养终身学习能力打下坚实基础。其三是读书之乐，鼓励孩子将自己的阅读感受说出来，体验被人认同的感觉。

🖤 激趣：名著人物 cosplay

五年级下册的名著单元，涵盖源自四大名著的《草船借箭》《景阳冈》《猴王出世》《红楼春趣》，再加上口语交际《如何表演课本剧》，习作《写读后感》以及《快乐读书吧——读古典名著，品百味人生》。由读到演再到写，如此大容量在小学阶段估计是第一次遇到。走马观花两周的教学时间已是相当紧凑，如若认真研读恐怕一个学期也是不够的。

如何在孩子与名著之间搭建桥梁？让孩子跨越百年进而品味名著的氤氲书香。我一直认为核心素养下的语文阅读要让学生与文本进行思维的交流和碰撞，顺应其文化情感的需要，在阅读教学的具体实施过程中，要注重师生之间的共情、学生之间的共情、学生与文本之间的共情，让经典名著贴近学生生活，让学生走进名著中的人物。

四大名著之所以是经典，在于它人物塑造往往入木三分，温柔娴静的薛宝钗、多愁善感的林黛玉、任性率真的贾宝玉……都给读者留下了深刻的印象。经过一番考量，我想以课本剧为切入点，带着孩子通过饰演名著中的人物，去揣摩人物品性，感受四大名著的魅力。

于是周五教完四篇课文后，我给孩子们布置了一项任务，要求选择名著中的一个人物来演一演，并要求周一返校时上交一张定妆照。因为影视剧一旦选好角色，都会拍一张定妆照，它是剧组在影片开拍前，根据剧本对人物形象的描写和导演的意图，由导演、造型指导、服化道团队、制片人等对人物造型进行研究而确定的，是角色形象的物化成果。

我一说完，同学们都面露喜色。因为出演课本剧对孩子而言，是一次未曾经历的体验，充满一定的挑战，所以一个个摩拳擦掌，跃跃欲试。

周一晨会课，同学们纷纷申报模仿对象，有的甚至提前在班级群里晒出自己的定妆照。

李涵同学饰演的是打虎英雄武松，可武松好演老虎难寻，为了生动再现武松打虎的神勇，他只好请自家的小猫来客串吊睛白额大虫。小伙子一手揪着"大虫"的顶花皮一手紧握拳头，随时准备凌空一拳，立下一世英名。而底下的小猫眉头紧锁，一副生无可恋的模样。两个字，绝了！

为了让自己塑造的张飞形象更有威严，子豪同学彻底丢掉了偶像包袱，把妈妈的眼影晕开将自己涂成了黑炭。更为传神的是，用黑色卡纸在自己的嘴上粘了撮八字胡，似神来之笔。真的是只有你想不到，没有孩子们办不到的。

唯有路航满脸委屈地坐在座位上，看着他欲言又止的模样我已猜中了几分。等晨会课一结束，我走到他的座位旁，拍了拍他的肩："怎么了？找不到可以模仿的名著人物？"这一句简单的话，捅破了最后一层窗户纸，他如竹筒倒豆般诉说着自己的委屈。

原来路航同学周五一回家就迫不及待地找父母商量，不知道自己演名著中的哪个人物比较合适。正忙着做家务的妈妈头也不抬："我看猪八戒挺合适的，瞧你那么胖演猪八戒简直是绝配。"母亲虽是戏谑的调侃，但在青春期的孩子而言不亚于一根根利刺，将孩子刺得遍体鳞伤。

体态焦虑是青春期孩子普遍的问题，常常源于对自己身材不满意，最多初见于因为外部的评论和期待而焦虑。而青春中绝大数的孩子都觉得自己不够完美。这是一种消极对待自己身心的心理状态，可能导致许多问题：自尊心下降、抑郁症等。

作为身材略胖的男生，他是多么忌讳有人当面嘲讽他的身材。于是他又找了自己的爸爸，希望从爸爸那里得到些许安慰，意想不到的是爸爸竟然也是一个"猪队员"，二话不说一顿抢白："你不演猪八戒，谁演呢？……哈哈哈。"孩子的内心肯定是崩溃的，他其实也知道自己的不足，可是谁又愿意被人当众出糗呢？

我一边微微颔首，一边和他一起理性分析：

"你看你一张国泰民安的脸，肯定要饰演正面人物。"

"你看你的皮肤吹弹可破，简直是唐僧的翻版。"

"而且你秉性善良，常常将助人作为自己的快乐之本，非常契合人物品质。"

这番话语，让孩子转悲为喜。唐僧在学生的心目中属于绝对的正面形象，虽不是武艺高强，神通广大，但那慈悲的胸怀还是让人深感敬佩。在我的鼓励下，他决定动手复制唐三藏。回到办公室，我第一时间联系了航妈，对他们夫妻两人迟钝的感受力进行了批评，希望他俩用自己的实际行动来抚慰孩子受伤的心灵。这次对话肯定如酵母一般发挥了作用。

晚上上交定妆照的时候，路航的造型不由让人眼前一亮：头上戴的是用美术课经常使用的卡纸做成的毗卢帽，帽檐上粘着两条用厕纸充数的飘带，身上披着妈妈当年的嫁妆——百子图绸缎被面做成的袈裟，再配上被爸爸盘得油光发亮的手串，加上唐僧招牌式的慈祥笑容，还真像那么回事。

这次作业得到了家长们的大力支持。"没想到这次作业成就了我们家的一段亲子时光。"班上一对孪生兄弟的爸爸如是说。为了追求最佳的艺术效果，在喆和昍的强烈要求下，他们的父母也加入了模仿秀的后援团中。平日忙于应酬的陈爸，亲自操刀为孩子们出谋划策。为了生动再现吕布手持方天画戟征战沙场的场面，陈妈蹲下身子，用自己的一头卷发来充当赤兔马的马鬃，因为只是画面一角，真有点以假乱真，如不提醒根本发现不了。事后，陈妈在我的朋友圈留言："老师布置的这个作业不仅拉近了孩子和名著的距离，也拉近了我们一家人的距离。"这真是一箭双雕之效。

为了更好的演出效果，一下课走廊上就闹开了花，孩子们就如蒜瓣一样聚在一起，手拿剧本练台词，有的则在讨论如何实现道具的"平替"，都悄悄地铆着劲，看谁呈现出最佳的效果。

一周后的班会课，四大名著展演正式开锣，参演的剧目主要有《草船借箭》《三顾茅庐》《红楼春趣》《宝黛读书》。孩子们以自己的方式，演绎着对名著的理解：用扫把当士兵划动的船桨，用旺仔牛奶的罐头瓶当宝玉头上戴着束发嵌宝紫金冠；舞台也十分简陋，只是将课桌往两边一拉，腾出块空地即成舞台。虽然道具简易但丝毫不影响小演员的发挥。风度翩翩的诸葛亮、深思熟虑的曹操、女生反串的贾宝玉……孩子们创意大胆、花样翻新，惟妙惟肖的肢体动作再加上亦庄亦谐的表演，着实让大家乐翻了天。

🦋 留白：给口罩插上翅膀

时代的发展，都有其独特的印记，给人留下不同的观感。

为了做好最后的防卫战，学校也已经历了好几轮全员核酸检测，口罩已经成为大家生活的标配，若出门不戴口罩，简直是"寸步难行"。

我们常说要带着孩子体悟社会，是跳脱现有的生活圈切换到另一场景，还是据现有的生活去溯源，找寻最佳的契合点。毫无意外，口罩是最妥贴的，它与孩子的生活息息相关，触手可得。因此，我想让学生们以口罩为创作的素材，或描或写，表达对当下生活的所思所想所盼，不失为一种与时代对话的方式。

于是，我利用上课时的空余时间与学生们展开了一次讨论。

"同学们，现在为了筑起防护屏障，我们不得不佩戴口罩。戴着口罩大家感觉怎么样？"

"太难受了，一口气没喘上，都要被闷坏了。"这是金鑫同学的声音。

"可是为了避免交叉感染，我们又不得不佩戴口罩。"思琪同学考虑问题往往比较客观。

"俞老师我们什么时候能摘下口罩，大口大口地呼吸新鲜空气？"面对浩楠同学的追问，我一时也给不出具体的答案。

"那同学们能不能把自己的思考，记录在口罩上呢？这周的实践作业，就是请同学们以口罩作为创作材料，来写一写、画一画，表达自己的心愿与看法。"

接着我对如何创作谈了一些自己的看法。孩子们听了后陷入深深的沉思中。

说真的，布置这样的实践作业，我的内心还是充满着担忧，不知道学生能不能领会作业的意图，表达出自己的想法。但是同时又充满着期待，希望孩子们能给我惊喜。

周末，晨轩同学是班级群里第一个提交作业的。于是随着"叮咚""叮咚"的声音，一幅幅视角独特的口罩创意画呈现在我的眼前，随之群里出现了铺天盖地的"大拇指"。我发现自己的担忧完全是多余的，学生的表现力完全超乎我的想象。

在孩子们的手中，口罩带巧妙化身包带、隔离带、跳绳、雨伞、面条、门洞、咖啡杯柄等，再用寥寥数笔勾勒出其他场景，一幅幅脑洞大开的漫画由此诞生，记录了"大白"们繁忙的身影——有人背着防疫物资准备出门，有人举着大喇叭提醒居民核酸检测已经开始；有人忙着给封闭小区拉起隔离带；有人高擎雨伞"风里雨里等你来核酸"；也有人辛劳一天，在月光下疲惫地靠墙休憩……我选取了其中的九幅作品，将其串成了一部可歌可泣的抗疫史：从"病毒肆虐→超级英雄→白衣执甲→隔离运送→接种疫苗→全员核酸→曙光初现→城市解封→春暖花开"，讲述了孩子们的记忆，实现完整的闭环，向所有坚守在抗疫一线的工作人员表达自己最真挚的敬意。

其中给我印象最为深刻的是炜皓的写实作品。他将口罩画成了学校的操场，还原了学校全员核酸时井然的秩序，其中有一个小人勇敢地站在最前面。那个小人画的估计就是他自己。因为炜皓同学是全班做核酸检测最紧张的一个孩子，他紧握双拳，嘴巴也不肯张开，一脸的恐惧。当时"大白"赶紧轻声细语地安抚，还让他站在一旁观察别人是怎么让棉签伸入嘴巴。终于在安慰声中，他没了之前的恐惧，如一张紧绷的弓似的完成了核算采样。后来几次他就表现得勇敢多了，没有了之前的怯意。我想他应该是想用这种方式还原当时核酸检测的场景，记录自己内心的感动及重拾的勇气。

在学生们的画里我能看出，他们对未来充满信心，在他们眼里，英雄的"大白"们会带领大家走向这场"战役"的胜利。即便现在离不开口罩，但他们依旧对未来的生活充满信心，我被学生们的这种纯粹、积极向上的乐观态度感动了。谁知这一切竟然被《钱江晚报·小时新闻》的记者发现，并将孩子们的涂鸦作品刊发在了《钱江晚报》的新媒体上。

我相信没有一个冬天不可逾越，没有一个春天不会到来。

🖤 触动：西餐有"礼"了

那日去浙东大竹海开展户外拓展活动，中午安排了团餐，似乎是十菜一汤的标准。想着出门在外，就给予了孩子一定的自主空间，让他们自由搭配，凑足人数便自行开饭。

刚开始倒是没出什么纰漏，各吃各饭，各聊各天。突然有几桌不时有喧哗之声传来，走过去一瞧：放菜的转盘像上了发条似的转得飞快，你来我往好不热闹。始作俑者就集中在那两三个家伙身上，其他人就只能当作看客，捧着白米饭，还没等筷子碰到餐盘，就"哧溜"一声从眼前溜走了。原来那几个家伙都喜欢吃葱油花蛤，都想把这盘菜转到自己的面前。所幸还算克制，没将整盘菜端到自己的面前独享。估计平时作为家庭的"重点保护对象"，外出用餐时好吃好喝的肯定先端到自己面前，被纵容惯了的。今儿少了那份约束，和同学一起吃饭问题就充分暴露出来，将所谓的餐桌礼仪直接抛诸脑后。

一滴水折射出太阳的光辉，一个小小的举动其实也透露出一个人的素养与性情。

在餐桌上，越来越多的父母们关注着孩子的营养，却对孩子的教养关心甚少。当你忽视了孩子的餐桌礼仪，你就关闭了孩子展示自己的一扇门。餐桌上，通过孩子的坐姿、动作、神态、表情、目光等，就已经用无声的、丰富的语言在告诉人们你是谁、你有什么心态，甚至你的生活态度。

有了前车之鉴，一返校我试着和家委会的家长联系，想着能否给孩子安排一次"餐桌礼仪"的班本课程。

消息一发出，立马得到了石秉艳奶奶的热切回应："俞老师，我有个表弟在酒店担任行政总厨，要不让他安排人给孩子们来上课？"石奶奶虽是祖辈，但对孩子的教育有时比秉艳的父母还积极，对班级活动更是倾注了满腔热情。春游时，她自掏腰包为孩子订购午餐；开展劳动达标时，她手把手地教孩子们钉纽扣；教室搬迁时，她自告奋勇担任"拓荒保洁员"……她的这份激情深深影响了班上年轻的爸爸妈妈们，更多家长不甘人后，积极参与到班级的活动中来。所以直到毕业后，好多家长都还在怀念小学阶段充满人情味的家校氛围。

我自然是求之不得，赶紧和石奶奶敲定课程的细节，原想减轻授课教师的负担，石奶奶却觉得既然上餐桌礼仪课程，还是需要原汁原味地创设全真的情境，要求将餐盘、餐具、酒具，甚至餐巾布整套从酒店借来，让每个孩子边学边体验，于是上课时，所需教具拉了整整半车。

一周后在优雅的轻音乐中，南瓜屋的"西餐礼仪"课堂缓缓拉开了序幕，铺台布、上餐具一切都显得有条不紊。孩子穿着西服，系着领结，显得特别有范。他们逐一落座，喜悦之情溢于言表，貌似对今天的礼仪课也满怀期待。

今天为孩子们授课的是酒店西餐部的王经理，她是一位资深的礼仪讲师，曾多次为宁波高校的学生传授西餐礼仪。尽管如此，她还是早早就开始筹划此次的授课方案，用她的话说，毕竟是第一次为二年级的孩子上课。

授课先从摆盘开始，为了便于孩子记忆，王经理采用边展示边介绍今天要使用的餐具的方式。"体验是最好的教育"，王经理充分认识到了这一原理，等介绍完之后再逐一放到孩子面前，将孩子的注意力始终调动到比较亢奋的状态。为了让孩子弄懂餐具的具体摆放位置，将比较抽象的"厘米"这一概念简化为"手指的宽度"，原本孩子们还在困惑，主菜刀离菜盘3厘米的距离到底是多少？我又该怎么来把握？现在只需用三根手指比划一下就可以了，以熟识的事物来比拟未知的事物，简单而实用。同时让学生对这个从未接触过的长度单位有了比较准确的把握。

为了每个孩子都能精准地掌握餐具的使用方法，她更是走到每一个孩子的身后，手把手地进行现场演示与纠正。所谓的"没有教不会的学生"一说，自然有其言过其实之处，但是有一点可以肯定，如果你上心了，或者倾己所能了，我想你教育的对象，肯定会在原有的基础上有所提升与发展。

更让人敬佩的是，她竟能关注到每一位坐在餐桌前的孩子，尤其为了鼓励那些胆怯的孩子勇敢地展现自己，她特意停下来，一次又一次地引导。当孩子能回答她所提出的问题时，她更是开心地满脸笑容，将事先准备的棒棒糖奖励给孩子。"把孩子当作孩子"，既不无限拔高，也不无底线地迁就，当孩子在最近发展区有所突破时，我们就得给予必要的鼓励与肯定。棒棒糖这个看似不起眼的奖品，却彰显了授课者的满满用心。

之后我们又进行了拿刀叉、放餐布、品红酒、切牛排等内容的学习。因为时间估计不足，原定的40分钟课程被拉长到2个小时，但孩子们却学得意犹未尽，兴趣是最好的老师，一点也不假。

课后，吴鑫宇偷偷地告诉我："俞老师，原来吃饭还有这么多的讲究啊！"

"俞老师，围上餐巾布我感觉整个人都变得高雅了。"这是调皮鬼赵子睿的声音。

"下次吃饭，我一定细嚼慢咽，再也不发出'吧唧吧唧'的声音了。"

孩子们的体验竟如此深刻！

看似一次简单的班本课程，但其背后的用心只有亲历后才能体会。为了这次授课，我们与酒店进行了不下4次的电话联系。从上课内容、上课地点甚至细小到餐桌的摆放、餐具的配置都进行了逐一确认。热心的石奶奶还为此次活动提供了所有的食材与饮料，并亲自去酒店联系接洽。后来看到家长群及朋友圈的点赞与热议，我们感觉这次活动是成功的。

一顿饭的时间，足够让你了解一个人。

世界顶级礼仪大师威廉·汉森说："善于观察的人，只用一顿饭的工夫，便可知你父母生活的背景怎样、你的教育背景如何。"因此，培养孩子在餐桌上好的肢体语言，还意味着帮他矫正一种猥琐、散漫的失败者的坏习惯，养成一种得体、有度的成功者习惯。

一堂课所带来的改变是有限的，但正是一点一点的尝试、推进，带动更多家长底层逻辑的改变，促进家校携手，共助孩子成长。

余光中先生认为："当你少年的时候，我们让你接触诗歌、绘画、音乐，是为了让你的心灵填满高尚的情趣。这些高尚的情趣会支撑你的一生，使你在最严酷的冬天也不会忘记玫瑰的芳香。"今天，我们"南瓜屋"所做的一切，其实就想给孩子的生命中涂上一点亮丽的色彩，让它历经时间的淘洗，成为他们众多人生素养中的一个因子，我想我们的目的就达到了。

❤️ 磨砺：从校服到军装

海无惊涛不壮阔，人无磨难少坚强。

少年的崛起不在于安逸的沃土，而在于汗水与热泪的浇灌之路。如果青春有颜色，那一定是迷彩绿。

我们总希望孩子独立自强，但往往习惯为他安排好一切；我们想让孩子历练成长，却犹豫不决，舍不得他去远行。总有各种理由让家长难以下定决心，与其焦虑担忧，不如主动让孩子走出"舒适圈"。

10 月 25 日的午后，全班孩子统一换上军装，带着家长们的恋恋不舍，来到部队的训练营开展为期两天一夜的军营初体验。

整理内务初体验

到达营地，简短的集合后我们在战士的带领下，有序地参观了部队的陈列室、会议室、健身室、食堂等。没有奢华的装修，没有多余的摆设，初到军营的第一个印象便是干净。战士还为学生展示了叠被子的过程，看着他抛被、折被、压痕、整修……一整套动作如行云流水般一气呵成，一条简单的被子成了一件艺术品，让人叹为观止，学生看了手都拍麻了。

"宝剑锋从磨砺出，梅花香自苦寒来"，在部队中，军人叠被子是军事化管理的一部分，这不仅是为了养成军人生活上严谨的习惯，也是教育军人要服从命令。叠被子、做内务这是在完成一个军人的"基础格式化"，是养成教育的重要一环，是在培养军人对命令无条件服从的潜意识。只有极强的凝聚力，这个集体才能所向无敌。

接着开始分配寝室，学生领完生活用品，便开始欢呼雀跃地整理内务。但是，显然他们没高兴多久就被套床单给难住了。虽然来之前，他们的父母已经在家进行了指导，但是一到军营，看到大到套被褥、铺床，小到套枕头，他们顿时又傻眼了，不知如何下手。

随机走进一间寝室，都会发现出现的状况五花八门、层出不穷。被单、床罩挨挨挤挤地铺了一地，估计是因为床铺太小，施展不开拳脚，只能把"战场"搬到了地上，丝毫没有顾及卫生。定睛再看，发现黄志铺把被套当作床单，铺在床垫上，嘴里还不停地念叨："咦，我的被套呢！我的被套不见了！"只得帮着他纠正过来。

为了将被子的四角扯平，丁逸飞干脆钻到了被套里，结果竟与被套缠在了一起，越扯缠得越紧，正一边大声呼叫一边手舞足蹈地在床铺上蹦跶。我赶紧让学生把他给解救出来。小胖墩薛同学撅着屁股，小脸憋得通红，虽然累得气喘吁吁、大汗淋漓，还是无法掌控越来越沉重的被褥、越来越摸不着边的被套。

于是赶紧喊暂停，把孩子们再次集合起来，对套被套的要领进行分步讲解，并提醒他们可以两两合作。终于在经历了一番鸡飞狗跳之后，男寝渐渐恢复了平静。

女寝的状况略好过男寝。她们发挥团队合作精神，相互帮助，虽叠得不甚平整，但好歹被子是被子，床单是床单。汪美萱还将自己套被套的次数记了下来，说自己 16 次的失败经验，才攻克了套被套这个"拦路虎"，觉得抓住被角往里套会比较省力，并将自己的经验分享给了其他同学。在她的帮助下，女寝在半个小时内将"不听话"的被褥、被套统统整理得井然有序。忙碌完的女生聚在一张床上，唱起了《虫儿飞》，刚刚因为劳作而涨红的小脸浮现了快乐的笑颜。

训练军姿磨意志

炽热的太阳慢慢西移，秋老虎的锐气也在消退。

嘹亮的哨声响起，学生蜂拥而出，到操场上进行队列训练。

教官还是比较体谅学生，挑了块有树荫的地方。可学生还沉浸在刚才内务整理的快乐中，教官一声"立正"如晴天起了一声霹雳，原本嘻嘻哈哈的队伍顿时鸦雀无声。教官先宣讲了集训的军规，简短的几句话如远处的山冈般稳稳地立在了孩子的心头，让他们不由自主挺直了身板。

没有任何的拖泥带水，在教官的指导下孩子们有序地排成6列5排。指导员首先示范了立正、稍息两个动作，"立正时要注意昂首、挺胸、收腹"看似平平无奇的描述，却难倒了很多孩子。有的挺胸时挺起了小肚子，有的双脚没有呈60°，有的神思遨游三万里，有的手指蜷缩没贴在裤缝，教官见了不禁眉头紧锁。

面对孩子们的种种不足，教官决定一排排过关，限时三分钟，达到要求可以原地休息。操场安静得只听见风轻轻吹过的声响。在教官一遍遍纠正，一次次加时训练下，即使平时再顽皮的孩子也站得有模有样。在短暂的休息过后，进行队列训练：转向、抬腿、齐步走，不断地加大难度，豆大的汗珠从学生的额头不断往下流。看着他们抿着干渴的嘴唇，我忍不住有点心疼，想替学生向教官申请休息一会，但看到教官那张严峻硬朗、不苟言笑的脸，只好把到嘴边的话又咽了下去。

齐步走时，邵轩骐想偷懒没把腿抬到位，旋即被教官发现，马上被施以30个俯卧撑的惩罚，并受到严肃的批评。教官用邱少云为了掩护整个潜伏部队，烈火烧身仍纹丝不动的故事来教育孩子们，小小的军姿不仅代表了军人的形象，更是军人意志力的体现。因为有了这一番的引导，在之后的队列训练中孩子们的表现有了很大的改变，他们以邱少云同志为标杆，要求自己克服酷热，战胜困难，不光小身板挺得笔直，而且坚持的时间也越来越长。

看似简单的队列训练，对学生而言意义是多方面的。首先，它可以帮助学生保持良好的姿势和体态。在站军姿的过程中，学生必须挺胸收腹、挺直脊梁，这有利于塑造优美的身姿，增强肌肉力量，预防与改善姿势不良带来的身体问题。其次，有利于培养学生的纪律性和集体意识。队列训练是军人训练中常见的训练内容，要求严格的纪律和精准的动作。通过让学生接受规范的训练，按照统一的标准完成任务，培养他们自律和集体合作的观念。此外，还有助于培养学生的坚韧品质。队列训练需要学生在不舒适的姿势下保持静止，这对学生的意志力和毅力是一种锻炼。

铁血丹心保家国

晚饭后，进行了一场军营的小联欢。

教官和孩子们在会议室里围坐在一起，战士们都亮出了自己的拿手本领，擒拿、格斗……看得孩子们是一愣一愣的，欢呼声一浪高过一浪。

最感人的分享环节，战士们向孩子们讲述了自己从军背后的故事。战士小张向孩子们介绍了自己为了学习操控雷达，常常在别人午休的时候，一个人在床上背诵有关雷达的理论知识。训练尖兵小田更是讲述了自己为了完成所在部队的各项训练任务，已经整整三年没有回过家……一件件，一桩桩，有从军的辛苦，有训练的枯燥，也有军营的趣闻杂谈，更有个人的心路历程。

这样接地气的分享，让孩子们聆听了每个战士背后鲜为人知的故事，更让他们明白了祖国的平安繁荣来之不易，是解放军战士"舍小家，为大家"换来的，当我们坐在窗明几净的教室里学习时，我们要倍感珍惜。

回去之后，孩子们在周记中纷纷描述了本次活动的感受，有不少孩子表示，虽然军训很痛苦，但却让他们印象深刻，尤其是在获知解放军叔叔每天要站两个多小时的军姿，而自己只站了5分钟就受不了了，更是对战士们产生了敬佩之情。家长也认为，现在的孩子太娇气，缺少吃苦耐劳的精神，孩子适当"受苦"后，更清楚什么是组织性、纪律性，看到孩子们周一回来上课，全班认真投入的劲儿，着实感受到了本次活动的成效。

　　而这次军营的体验之旅，也着实让我认识到学习之路贵在认知，重在实践。亲身体验远比单纯讲课深刻得多。如果能合理有效地安排好德育活动，帮助学生在实践中收获感悟、学习做人，将会对德育教学产生重要的影响。如何借助实践活动，落实德育教学，是我们今后需要探讨和践行的问题。

入微：厨神争霸赛

经过一个半小时的烹、炸、煎、炒，即将进入最后的评奖环节。南瓜饼、咸蛋黄炒南瓜、南瓜饺子、蟹煲南瓜、糯米南瓜、南瓜圆子等，以南瓜为主材料的九道菜一字排开，陈列在案板上。作为此次"厨神争霸赛"的命题人，我也想不到用南瓜竟可以制作出如此丰富的菜肴。

这时，三个评委举着筷子逐一品尝，他们时而交头接耳交换各自的意见，时而点头称赞，更为此次比赛平添了几分紧张的气氛。经过一番讨论，评委当场宣布比赛的结果：陈李喆的糯米南瓜荣获"南瓜屋"第二届厨艺大赛金奖，张茜凯的酒酿南瓜斩获银奖，铜奖是陈李旸的南瓜饼。

一宣布完比赛结果，评委们就忍不住感叹："太难评了，一个班级的厨艺比赛竞争就如此激烈。"

其实，此次的厨神争霸赛耗时一个月，历经展示赛—小组赛—决赛，每个孩子都参与其中。

临近 2022 年寒假的休学式，我一直在思考该给孩子颁发一件什么升级礼物呢？想到寒假里要求每人做一道菜，何不发做饭用的围裙和袖套，实用又有点与众不同。想到这里我赶紧和家委会商量，在网上定做了一套专属于"南瓜屋"的做菜装备，主色毫无疑问是南瓜色，配色是棕色，毫无违和感。休学式上，孩子们身着围裙，手套袖套，留下了一张张别具特色的合照。

在放假的第一天，第一个在视频号上展示厨艺的是张茜凯同学，他制作的是糖醋排骨。只见他先将排骨洗净焯水，接着熟练地准备配料，将生姜切片，大葱切段，然后热油下冰糖，眼看着炒出糖色，他将排骨全部放入锅中，又忙倒入事先准备好的香叶、桂皮、姜蒜、酱油、生抽等配料，进行翻炒后倒入足量的水盖锅焖烧，见火候差不多了赶紧开小火收汁。令人印象深刻的是，茜凯竟在做菜的间隙开始厨房的扫尾工作，擦擦灶台，清理水槽，甚至连抽油烟机也不忘抹一下，足见其良好的劳动习惯。最后，他还不忘盛一碗白米饭，现场开吃，那狼吞虎咽的样子让人见了胃口大开。

看了他的做菜视频，大家纷纷在下面留言。

晴淼妈妈：这么强，后面有压力，厉害了！

思琪妈妈：一开场就这么猛，不敢上擂台了，默默吃瓜，哈哈。

蓉蓉老师：这个菜我不会烧。家有南瓜娃，过年不用愁。

君君老师：厉害了，小张同学。

……

有了茜凯同学的抛砖引玉，后面同学的展示就有章可循了。王懋昕的可乐鸡翅、毕思琪的纸杯蛋糕、朱奕乐的油炸平菇、刘子豪的豆腐鱼头汤……一个个有模有样，有的家长坦言：今年的年夜饭不用操心了，直接跟着"南瓜屋"学就行了。于是一天展示数道菜，一直持续到2月12日全班43位同学都进行了厨艺展示，大家除了做菜还学会了视频的剪辑，解锁了另一项新技能。

接着各德育小组进行分组赛，各组根据上传的视频进行无记名投票，选出本组的获胜选手，代表该组参加班级的现场PK赛，角逐第二届"南瓜屋"厨神大赛的前三甲。根据投票数，陈路航、陶瑞妍、赵晨熙、蔡佳瑶等八位同学进入了现场决赛环节。

因为是现场做菜肯定要确定主题，如果各做各菜，显得缺乏可比性；统一制作同一道菜又显得有些单调。想着我们班既然叫"南瓜屋"，何不以南瓜作为题材，让学生各显神通烹饪一道以南瓜为主材的佳肴。我的想法一提出，就得到了家委会家长们的认同。

我们将决赛的地点定在了咸菹博物馆，这一诉求得到了馆方的热切回应，他们专门腾出一个制作体验厅，通过多方筹措为我们准备了8套厨具。

博物馆位于鄞州区东吴镇平窑村，展馆通过 1000 多件实物从历史演绎、雪菜栽培、腌制加工、美食烹调、回味无穷等几个部分，全面展现浙江省非遗项目"邱隘咸齑腌制技艺"的精髓。鄞州地区的雪菜栽培历史可以追溯到一千多年前。宁波有句俗语：雪菜烧海鲜、烧万物。这口百搭的鲜咸味，征服了海鲜、河鲜以及肉禽蛋类。在中国人的饮食文化中，"配菜"主导"主菜"，这是十分少有的。在漫长的历史长河中，它为宁波人的饮食增添了一道丰富的色彩。将一场厨艺的决赛，放在活色生香的咸齑博物馆自有一种无须言说的意味。

为了这次比赛更具氛围感，家委会提前对现场进行了一番精心的布置，醒目的横幅悬挂在大厅的中央，入口处的气球灯箱闪烁着耀眼的光芒，还定制了三个金灿灿的奖杯，这让这场决赛更具仪式感。担任南瓜屋 2.0 的班主任这三年间，感觉自己更像个"甩手掌柜"，只需给出方向，表明要求，最后呈现的结果往往让人非常惊羡，这届家委会的执行力是杠杠的。

个人认为家委会成员应该是广大家长选出来的，代表不同文化层面、不同社会背景的家长。家委会不是学校、教师的对立面，而是学校的帮手、教师的朋友，更是家长们的贴心人。理想的家委会应是相对独立于学校、组织健全的群众组织，既要代表家长真正参与学校教育事务，又要有利于支持和监督学校管理，朝着解放教师、服务学生、发展学校的目标努力，而最终的指向是孩子的幸福、孩子的成长、孩子的利益。

因为是现场制作，我们将比赛的时间定为一个半小时。随着一声哨响，孩子们开始麻利地准备自己手上的食物。毕思琪制作的是芝士南瓜，她先耐心地挖去南瓜的瓤，然后给南瓜去皮，因为是老南瓜比较硬，她几乎把吃奶的劲儿都使出来了。陈路航制作的是乳肉焗南瓜，他将南瓜块有序地摆放在碗中，再倒扣到砂锅里，这样上桌时摆盘就漂亮得多。而站在观众席中的家长则显得比孩子紧张多了，虽然和周围人有说有笑，但那双眼睛自始至终未曾离开过孩子。当比赛结束时，孩子们呈现出一道道色香味俱全的菜肴，在场的人都情不自禁地竖起了大拇指。

虽说我们一直在强调培养孩子基本的生活技能，锻炼孩子的动手能力，家长也认同这样的观点，但当孩子想要尝试的时候不少家长是婉言拒绝的。他们担心的是什么？是影响学习的时间还是怕耗费更多的后续时间还善后？或者产生严重的后果？我觉得只要家长确定孩子所在的环境没有危险，他要做的事既不会伤害他自己，也不会伤害他人，那就放手让他做。可能有些后续的事项需要处理，或者消耗的时间更多，真正明白了也就不会阻止孩子动手实践。我亲眼见过有些家长既嫌孩子不做事，孩子做事又嫌弃他做得不对、不好，也不耐心教导和容许孩子在犯小错中成长，于是长大后，这些孩子既眼里没活，也不会做事。只有通过实践，孩子才能有真正的认识和体悟。在 12 岁之前，孩子的理性认知还不成熟，他对世界的认知还是以感知体验为主，认知逻辑为辅。

因此，别小看做菜，那是一种统筹方法。要做一个菜，其实就是完成一道道工序，是手忙脚乱还是有条不紊，完全取决于做菜前的思维能力和遇到突发状况时的解决能力。而学习就是一种思维能力、统筹能力，比如，做家庭作业，先做什么，再做什么，做完笔头作业后再如何提升自己。会做菜，就会学习。华罗庚就写过一篇文章《统筹方法》，谈了他以烧水泡茶为例，提高工作效率的事。

别小看做菜，那是一种新型的亲子沟通。很多家庭的亲子沟通就如炮仗一点就着。第一话题单一，除了学习还是学习，只要家长一过问孩子学习，双方基本就是冷言冷语或者火冒三丈。而一旦孩子开始做菜，共同语言和彼此对话就变得温柔可爱起来了。"快点快点油锅冒烟了！""脸上溅到油没？""我感觉我要破相了……"

别小看做菜，那是一种家的味道。我的很多学生小时候是全国各地的留守儿童，父母很早就外出打工了，老人或者亲戚陪伴他们度过了童年，直到他们读小学时才被父母接到身边来读书。对孩子们来说，家的味道很寡淡，有的家长说孩子和他们基本无话。我记得有个孩子在日记里写道："其实放学后也不用急着回家，慢慢走着就好了，因为回去也是黑灯瞎火的，没有一丝饭菜的香气。"当时看了就有些泪目，最好的老师是父母，最好的课堂是餐桌。

一个家是必须有烟火气的，氤氲出人间的美味，那种味道独属于自己家。我去家访常常喜欢看一看学生家的厨房，通过厨房的整洁度、调料的配置了解家庭的生活习惯。很多人除夕夜最想念的都是妈妈做的菜的味道，此时饭菜的香味是最好的黏合剂，把一家人的心团聚在一起。

别小看做菜，那是一种我能我行。食材、作料、火候，全在于自己掌控，色香味形都在于自己创意，就算再难吃也会被父母一顿猛夸好吃得不得了，那一刻，笑容像朵花儿绽放在孩子们脸上。当我通过美篇和线上班会课以及微信公众号逐一展示学生们的厨艺时，学生和家长观看时的专注让我也有了满满的成就感，劳动教育就这样有了抓手。

践行：有一种成长叫"周游鄞州"

古人常说"读万卷书，行万里路"，可见知行合一是学习的第一要义。但"读万卷书"常有，"行万里路"却不多，如何让学生在践行中丰厚核心素养，获得精神的成长？经过一番思索与考量，我将"知行合一"的落脚点放在了有数千年历史的鄞州大地上，让孩子在这814.2平方千米的热土上汲取精神食粮，获得切实成长。

初游，领略家乡风貌

当我把初步的设想与我们班家长沟通后，得到了他们的大力支持。"周游鄞州"第一站是鄞江的它山堰。鄞州原名鄞县，清清的剡溪水孕育了鄞州数千年的璀璨文明，是鄞州人的母亲河，更是我们文化的根。行走在古老的青石板上，我们用脚丈量着石梁的长度；席坐在芳草萋萋的晴江岸边，我们聆听历史的回响。

第二站，我们来到了素有"西子风光，太湖气魄"美誉的东钱湖，在南宋石刻公园，我们用手触摸着石人石马的温度；在下水古村，我们品尝着自己亲手制作的麻糍；我们顶着艳阳，吹着湖风，享受着山高水长的自然风光；傍晚时分，我们伴着落日的余晖见证了渔舟唱晚的喜悦。

第三站，我们来到了鄞州非遗馆。在专业人员的带领下，我们欣赏着一件件叹为观止的非遗作品，聆听非遗传人艰苦学艺的传承故事，回顾非遗的发展与嬗变，并在一针一线、一雕一刻的制作体验中感受非遗细腻精致的文化魅力以及劳动人民朴实聪颖的智慧与才干。

就这样，我们一边走一边看，一边听一边做：横山码头，孩子们脱去鞋袜，奔走在泥泞的滩涂上体验捉鱼拾蟹的乐趣；梁祝公园，我们一起学做风筝，在油菜地里追溯着梁祝的故事……通过初游鄞州，孩子们领略了家乡的风土人情，完成了初步的物象架构。著名教育家陶行知曾说："行是知之始，知是行之成。"德育要从学生的生活实践出发，按照生活的需要，在生活实践中获取经验认识，才是真正的学有所得。

再游，滋养家国情怀

初游鄞州或许只是零碎的、散点式的，那么当我们再游鄞州的时候，我们在行走的深度、厚度、广度上都下了一番功夫。我们决定立足一个专题，开展为期1个月甚至1学期的时间进行立体的深度研学。

在一次"介绍家乡"口语交际课上，大家不约而同谈到了"书藏古今，港通天下"，但为什么将其作为城市精神却知之甚少。《中小学德育工作指南》告诉我们：德育工作要与综合实践课紧密结合，广泛开展有益于学生身心发展的实践活动。于是，我们决定开展一次城市底蕴的寻访之旅。

第一步，实地走访。在天高云淡的九月，我带着全班孩子叩开天一阁的大门。沿着曲径通幽的小径，我们步入"天一生水"的藏书殿堂中，聆听"分家不分书"范氏百年祖训。

第二步，专题探究。走访过程中，我发现孩子们对天一阁亭台楼榭、砖石草木产生了浓厚的兴趣。于是要求他们确定自己的研究方向，通过查找资料、走访考证、对比研究等方式，引导他们做进一步的了解与探讨。在那段时间里，师生间谈的最多的就是天一阁，研究进度表成了我们之间交流与探讨的最佳纽带。全班38个孩子，两个星期后人人拿出一份像样的研究报告。

从行文格式来看，学生们主要采取"提出问题—解决问题—得出结论"的思路，研究过程有模有样，丝毫不比专业的差。从研究内容来看，有范钦生平、明州碑林、麻将馆、楹联文化的研究，有的还运用了对比的方式将天一阁的明园与苏州园林进行了比较……因为研学给孩子打开了一个前所未有的思维空间，所以他们开始去审视家乡文化所独有的"本土性"。

第三步，重点研修。针对学生最感兴趣的古籍修缮，我邀请了宁波天一阁博物馆的馆长走进班级，给孩子们讲述古籍修缮那些事。这也是天一阁自成立以来第一次走出博物馆给小学生上课。孩子们听大咖详细介绍天一阁的历史沿革，触摸着各式各样的修书工具，并在专业人员的指导下尝试修补残缺书页。这样的活动，不仅仅只停留在知识的传授，更注重的是一种文化传承。那一刻，我感觉孩子们距离城市的脉搏是如此之近，相信我们想要给予孩子们的那份家国情怀也将深深地潜入他们的灵魂深处。

于是乎，我们运用这样的方法，一边走一边研究。天童老街、塘溪雁村、横溪金鹅山……都留下了我们孜孜以求探寻的足迹。我感觉孩子们离这个城市的脉搏越来越近，而我们想给予孩子们的那份家国情怀也在潜移默化之间润泽学生的心灵。

三游，绽放生命精彩

因为孩子们的喜爱、家长们的支持，给了我无限的动力。我将游学的内容进行分类整理，并结合宁波的地域资源，建构了以"人文""名胜""民俗"三个维度创生了立体式"周游鄞州"研学课程，成为宁波市 2018 年度教育科研重点规划课题。这是作为一名普通一线班主任所不敢想象的。

我们班的孩子更是立足鄞州广袤的大地，跳出鄞州看"鄞州"。在宁波帮博物馆，我们领略了海纳百川的儒商文化；在三江口的钱业会馆里，我们探寻了宁波钱柜的兴衰，在慈溪的上林湖畔，我们一起学习越窑青瓷的制作工艺……所有的这一切，孩子们以一种辩证的视角来解读，以一种发展的思维来审视，用自己的足迹画出鄞州的雏形，聆听拔节的足音，绽放生命的精彩。故乡已深入我们骨髓深处，成为精神底蕴的一部分。

游着游着，我们班成了宁波市文明班级、全国优秀动感中队。我想若干年后，小学的种种过往孩子或许会淡忘，但是他们肯定会记得和我一起用脚步丈量鄞州的故事。

古有孔子周游列国，今有甬城学子周游鄞州。游的虽然只是鄞州，拓展的却是孩子的视野，培养的是学生对自然、对家乡的亲切感和认同感，真切地将习近平总书记所倡导"家国情怀"落到实处。"读万卷书，行万里路"，我将始终秉持"知行合一"的教育理念，和孩子一道胸怀家乡，心系天下。

第三辑

孩子，请把你的手给我

我们要用平等的姿态和孩子相处，尊重孩子的想法；我们要站在孩子的角度思考问题，和孩子保持同样的思维过程；我们要用真心的称赞，让孩子感觉到他们的行为得到了肯定……在这里，我将分享一系列旨在促进孩子成长的德育轻创意。这些创意既简单又实用，既能激发孩子的兴趣和积极性，又能在潜移默化中培养他们的品德和素养。

愿我们每个人在以后的日子里都可以大方自信地对孩子们说：

"孩子，把你的手给我，

让我能走在，

你对我的信任之光里！"

🖤 唤醒：一个都不能少

晚上 8 点左右，陆续有家长将孩子的习作发给我审阅。这是一篇看图写话，原文刊发于班级的公众号，对一年级的孩子我并没有强制要求，只随文说了一句"感兴趣的孩子可以写一写"。因为很多事，只有发自主观愿望自觉地去做才有意思。

第一个发来的是淳楷妈妈，她顺便和我探讨一下是否需要篇末点题，点明小作者的写作意图。这是我们这代人受杨朔散文《荔枝蜜》影响至深的见证。但个人更倾向于让读者自明，雕琢的痕迹何必如此明了。

第二个发来的是美萱爸爸，一个新宁波人，但是对孩子教育的重视程度丝毫不亚于那些高等学府毕业的高知父母。他是《宁波少年》App 的忠实拥趸，每一篇文章他都会用心地整理、编辑、投稿。有这份用心，结果自然不会差。

接着陆陆续续有不少家长，将孩子的习作拍照上传班级微信群。我一直信奉"用心的家长才能造就用心的孩子"。"治人事天，莫若啬"，你只有像对待田地一般早早耕作，才会花开果香、根深叶茂。而其中最意想不到的是子睿同学的作业，他的看图写话是这样写的。

鸡和青菜

有个小男孩叫小军，他种了一棵青菜。

有一天，小军来拔菜，竟然发现有一条虫子。他眼睛一转，心想：鸡不是吃虫子吗？他急忙跑回去，把鸡抱过来就去玩了。

当他回来的时候，他发现鸡把青菜吃了。小军回头看了看鸡，又看了看青菜。鸡也回头看了看小男孩，好像在说："一条虫子吃不饱，所以就把青菜也吃了。"

尽管遣词造句还有些不妥当之处，但收到这篇文章后我的内心还是涌起了*丝丝甜蜜*。这个孩子一直比较拖沓，平时作业要三催四讨方能交上，周末作业更是属于"放飞"状态。能保质保量地完成教师布置的作业已经很好了，从不对他有别的奢求。而且我这个"70后"的教师，有时候根本无法理解"80后"部分家长的想法。看到孩子在学习上有所懈怠，总忍不住去提点一下家长。而睿爸却永远是一副虚心接受却依旧我行我素的模样，宁愿花时间打手机游戏，也不愿去仔细检查孩子的作业。没办法，生活的奔波忙碌也给这个小家带来不少的压力。

前几天，子睿因为不背书成了"老赖"，放学时被我留堂了。我常在心中感叹这届孩子是幸福的，他们没有经历过我的青涩年代，没有见识过"披星戴月"的旧时光，从未领略过"严师出高徒"的雷霆之怒。因此，在达成既定的目标之后，我都尽可能减轻孩子们的负担，让他们学得轻松，学得快乐。

那天来接孩子的是睿妈，除必要的沟通反馈外我没有多说什么。只是随手把当时还在教室的两个孩子的练笔本递给了睿妈，请她看看班内其他孩子的语言组织能力及表达水平。

嘉宁的文章条理清晰，字里行间往往能流露出孩提时代的童真童趣；秉艳的文章内容叙述十分完整，过渡相当流畅。我想估计是这两位同学的文章可能给了睿妈一定的触动，强烈的反差可能也刺痛了睿妈的心。有时候讲得再多，还不如身边人的示范。"见贤思齐焉"，与上进者为伍，耳闻目染之下必有惊喜发生。

因此，今天收到子睿同学的额外作业，我给予了热切的回应。

"要表扬赵子睿同学，除了展开合理的想象，还争取把文章写通顺。这次不光没有掉队，还走在了不少孩子的前列。"

"自己说一句写一句，改了好几遍。明早告诉他被表扬了，不然估计晚上会激动得睡不着。"尽管没有面对面交流，但是我可以感受到睿妈满脸含春的表情。

"其实看到这样的作业我也很开心。谢谢你们的用心。"

"刚看了一下，发现有好些地方还需要完善。"

"要谢谢俞老师，真心感谢您。"

我知道今天的"看图写话"肯定只是一个开始，假以时日子睿同学一定会有新的变化，我突然感觉到"变"这个字眼真的很美好，因为"蜕变"让人对事物有了新的期许，对明天有了更美好的期待。"教育就是一棵树摇动一棵树，一朵云推动一朵云，一个灵魂唤醒另一个灵魂"，你或许困顿，或许迷茫，或许犹豫，但悄然而变的契机往往就在下一秒。所以，我常常安慰自己，再坚持一下，我不能让一个孩子落队。一个都不能少，对，一个都不少。

班级——包括39个家庭在内的广义的班级，是一个有机的生命体。当越来越多的人动起来，越来越多的心热起来，那冰冷和坚硬，至少感觉到了震撼和畏怯。

最理想的教育是学生、教师、父母同时具备了教育者和被教育者的身份——这才是圆融完美的生命教育。

教育，也是一场战争——是光明、柔软与冰冷、坚硬争夺势力的战争。

曾经听见有人开玩笑说，孩子上幼儿园时，家长都觉得孩子是神童；上小学时，觉得孩子是天才；上初中时，才不得不承认孩子就是普通人。随着孩子的入学，家长的心态逐渐进入"躺平"，不再像以前那样积极参与孩子的教育和成长，这种现象背后有着复杂的原因。

首先，教育焦虑是家长选择"躺平"的主要原因之一。教育竞争激烈，太多人追求相同的目标，而且成本高昂，导致家长们感到压力巨大。在这种情况下，他们选择了"躺平"，放弃对教育的过度投资和过度干预，让孩子自由发展。此外，越来越多的家长也注意到，孩子的成绩并不是衡量孩子成功与否的唯一标准，如今的家长更注重孩子的身心健康、兴趣爱好和人格发展，这在一定程度上造成"佛系"家长的出现。

其次，家长和教师沟通不畅也是家长选择"躺平"的原因之一。"对话＋回应"才是沟通的全部。我们的家长希冀通过微信群或其他方式追踪孩子的学习情况和教师的反馈，但我们的家长群往往只是教师发布消息的平台，执行大量非教学任务的中转站。为了减少这些消息的干扰，"佛系"的家长越发增多。

最后，一些家长对教育体制的不满也驱使他们选择"躺平"。如今，虽说要发展素质教育，但应试教育还是主流。一些家长可能会选择"躺平"，抵制这种教育模式，并寻找更为人性化和综合发展的教育方式。

作为班主任，应该如何应对家长选择"躺平"的现象呢？

首先，班主任应该给予相应的理解，尽可能地主动与家长保持联系，及时反馈孩子的学习情况和表现。同时，班主任还应该鼓励家长参加家长会、家长讲座等活动，加强与学校的互动和交流，帮助家长了解教育的最新动态。

其次，班主任还可以通过各种方式激发孩子的兴趣和潜能，少讲不足多夸进步。人是看到希望才努力，所以要想唤醒家长对孩子的期待，就要面对孩子的不足，多从中找寻进步点。因为我们是和孩子一起打倒困难，而不是和困难一起打倒孩子。引导家长更多地关注孩子的兴趣爱好和人格发展，开展一些多样化的活动，让孩子们有机会展示自己的才华和特长。这样不仅能够提高孩子们的自信心和归属感，也能够帮助家长更全面地了解孩子的特长和优势。

最后，班主任还可以与其他教师和学校合作，探索更为综合和人性化的教育模式，以满足不同家长和孩子的需求。例如，可以引入劳动教育、艺术活动、社会实践等元素，丰富教育内容。

同时，我们也要意识到现在很多家庭对孩子的"精细管理"，是一种沉重窒息的爱。给孩子自由和尊重，才是深沉有氧的爱。《教育的常识》一书有言："人唯有自由才有成长，关系里唯有自由才是成全。"很多家长无时无刻不盘旋在孩子头顶，监视着孩子的一举一动，就像直升机一样。他们的控制欲太强，总想帮助孩子成长，却越帮越乱。对于孩子，他们似乎有操不完的心，担不完的忧，殊不知，这种过度操心，正在一点一点把孩子压垮。给予孩子选择的自由，每一次独立完成任务，享受胜利的喜悦，都是对自我的认可和鼓励，更是锻炼能力的好机会。比如，学习的陪伴，不应是教内容，而该是教学习方法。

孩子的自信心，是在每一次的尝试下，用一次次的成功经验积累起来的。如果父母总是刻意代替孩子完成本应属于他们的工作，无异于折断孩子飞翔的翅膀，让他们永远也飞不起来。

🩶 宽容：遗失的密码锁

一日，我正低头忙着改"课堂作业本"，忽然感觉教室后面似乎有点骚动。我抬头放下红笔，穿过一排排的桌椅，到达了骚乱的起源地。

"怎么了？"我皱着眉头问。只见小宇同学低着头似乎在寻找什么，"俞老师，我的密码锁不见了。"他的眼神闪烁不定，估计在考虑该不该如实回答。

"什么时候不见的？"

"刚刚还在的，改好'课堂作业本'回来就不见了。"他搔了搔头皮，试着回忆被自己遗漏的细枝末节。"你再找找，说不定被你遗忘在某个角落了。"一旁的马大哈看小宇同学找得满头大汗，不由伸长了脖子好心地劝说。

"你确定就是刚刚丢的？"

"嗯，刚才还在的。"说着，他在课桌上指出了刚才所放的位置。

批改作业，上上下下不过一转眼的工夫，好端端的一把密码锁怎么说不见就不见了？这也太神速了，只怕当年的鼓上蚤时迁也未必能办到。于是我把搜索的范围做了进一步扩大。

这时前排同学提供了一个有用的线索："俞老师，我看见小轩同学刚才在拨弄他的密码锁，还把密码改成了'1170'。"

这时全班同学的目光如探照灯一般，齐刷刷地投到小轩同学的身上。"我没拿，我玩好就把密码锁又套在他的铅笔盒上了。"他涨红了脸赶紧为自己辩解。

"嗯，既然是套好的，想拿走不花费时间是办不到的，而且密码已经更换了，取走也没有用。"我的脑海里快速闪过一个念头，"还看到有别的同学在小宇同学的课桌旁逗留吗？"

大家都把头摇得像拨浪鼓，纷纷表示连个苍蝇也没看见。

其实很多事只需点到无须说破。真相只会迟到，绝不会缺席。我顿时板着脸，严肃地对小轩同学说道："这把密码锁是小宇最喜欢的，如果丢了他肯定会很难过。而且你是最后一个玩过密码锁的人，现在锁不见了咱们是不是有责任帮他找回来。万一找不回来，你得赔他一把。""这样啊……"他惊愕地张大了嘴。

临近放学，布置好作业后一日的学习即将结束。我期待的时刻还是到了——小轩同学借改作业的机会凑了过来："俞老师，教室里我都找遍了还没有，会不会在垃圾桶里？""哦，你去看看。"我不动声色地应和了一下。他如释重负，立马冲向卫生角，拉开橱门扯出垃圾桶，径直在柜子的角落里掏出那把密码锁，然后一路欢呼地跑到失主面前："诺，给你找到了。"那嗓门大得几乎整栋楼都能听见。但是我的心头还是掠过丝丝欣慰，望着他雀跃的背影不言一语。今天就让彼此都做一个好梦吧。

很快到了第二天的晨会课，铃声一响，我就在黑板上写了"君子慎其独也"六个字，其实完整的应该是"莫见乎隐，莫显乎微，故君子慎其独也"，出自《礼记·中庸》。我习惯性地扫视一下全班同学，便打开了话匣子。

"同学们，这句话告诉我们君子在独处无人的时候，一定要对自己的行为谨慎不苟。因为在我们面前常常有很多美好的事物诱惑我们，但是我们不能起贪念，更不能手痒，将别人的东西占为己有。很多时候以为没有人在场，天不知地不知。其实不然，随着时间的流逝，再隐秘的事情也会水落石出。事实就是事实，没有任何人可以改写。我们要对自己负责，对自己的行为负责，不能因一时的贪欲而毁了自己。"

接着我做了一次搬运工，将《第六颗钻石》的故事绘声绘色地讲给孩子们听，当听到六颗钻石因为"我"没抓住盘子而滚落在地，他们张大了嘴巴不由大惊失色；当他们听到，"我"因为丢失了一颗钻石即将被解雇，他们又扼腕叹息，为"我"的遭遇而深表同情；当他们听到那位衣衫不整的人借握手又将钻石放回我手心的时候，又长长地吁了口气。

"其实，做一个正直的人比什么都重要。犯了错误不可怕，只要能勇于改正还是值得我们肯定的。"讲到这里，我不由瞥了小轩同学一眼。只见他抬着头，面带微笑地看着我，目光澄澈而透亮。那一瞬间，我觉得很美好，恰如席慕蓉在诗中所言："你微微地笑着，不同我说什么话。而我觉得，为了这个，我已经等待很久了。"

班级里出现失窃现象，是很正常的事。孩子处在成长阶段，犯错大多不是道德上的问题，而是因为懵懂和好奇。很多教师在处理"失窃案"时会有个"误区"——案件破了，就完成任务了。其实，"破案"仅仅是教育的开始，而不是教育的终点。面对这样的考验，其实班主任能做的有很多。

用"慧眼"破案是班主任最擅长的攻略。日常校园生活中，孩子的举动、言语中细微的变化都能被班主任敏锐察觉。曾经节俭的孩子突然手头宽裕，文具和玩具的品质骤升，而父母并没有增加零花钱的额度，这条线索将成为侦破这起案件的关键。可见，平时多观察学生，及时、全面地了解班级情况，日常的功夫往往能成为解决棘手事件的"必杀技"。

用"真心"挽回是班主任最常用的方法。当"嫌疑人"锁定后，"蜻蜓点水式"的批评教育并不能真正改变用"偷窃"显示存在感的孩子，这时教师的用心引导会让孩子受益匪浅。给予这类孩子鼓励和成功的体验，适当降低对他们的要求，给予其能胜任的岗位，在其他同学面前为他正名，用正面管教的方式引导他们改变对自己的认知。可见，"失窃案"的背后是向我们呼救的孩子。

"宽容"放下是班主任最默契的约定。很幸运案例中的"失窃案"得到了妥善处理，但有时候并不是每一起"失窃案"都能找到犯错的孩子，或者犯错的孩子其实已经意识到自己的问题却没有站出来的勇气，这都是正常的心理和做法。孩子就是孩子，不是完美的，反观成人，我们也是如此，会懦弱、会逃避、会说谎，这就是人性。查出真相固然重要，但查不出来，也要放下。不能为了"破案"，使得班级里形成人人自危的状态。教育是一个漫长的过程，今天播下的种子，不会马上发芽。稚嫩的小苗，也不会明天就长成大树。但不管怎样，平等、尊重、善意的种子种下了，一定会在孩子的心中开出成长的花。

💜 赋能：乘风破浪的成长小组

通过小组建设推动班级建设，是很多班主任的常规做法。特别是近几年"小组合作性学习"的盛行，各类以小组为单位的学习、活动方式应运而生。尽管形式多样，但按照就近座位组合小组是大多数教师的选择，除了前后两排四人一组的"会晤式"编排方式，还派生出"T"形、秧田式等排座方式。但在实际操作中，小组的编排或组长的任命大多以教师的指派为主，尤其是小组成员的搭配，更多地将成员的学习成绩作为主要参考依据。所谓的小组只能属于"行政小组"的范畴，因为这样的小组组员之间内心契合度相对较低，执行的任务也大多局限于课堂讨论的学习话题，缺少组员间的深层联结，缺乏基于生命共同体的内涵建构。

因此，一接手南瓜屋 2.0 我就想以小组建设为抓手，组建成长共同体，优化学生成长的微环境。如果德育导师是一个班级的灵魂，那么组长就是一个小组的核心。虽然他在班干部岗位序列中确实算不上"叱咤风云"的角色，不少班主任又仅仅将小组长定位成收发本子的"二传手"或者小组活动的"传话筒"，于是在任命中比较随意，导致学生或教师本人将组长这一岗位曲解成可有可无的角色，那么组长的职能发挥就可想而知了，甚至不少组长对小组长标志的佩戴也充满着排斥心理，一般都悄悄地藏在书包一隅。

然而在小组成长共同体的建设过程中，组长岗位至关重要。他们不仅是小组活动的领导者，还是小组活动的组织者，更是小组文化的建设者。可以说组长直接决定着小组发展的命脉，间接影响着班级文化建设的氛围。

为了唤醒学生对组长的认识，我为组长这一岗位的选聘特意举行了一次大讨论。学生也很纳闷：一个小小的组长，需要如此大张旗鼓地宣传吗？过去的老师不过是随意指名即可。

我首先让学生说一说"优秀的组长应该具备怎样的品质"，要求每名学生都要发言，以开小火车形式进行观点的分享。原来事不关己高高挂起的一部分学生顿时傻了眼，不得不放弃看客的心态，也认真地开始思量。

作为资深的组长，岫竹先发言："作为一名组长首先要有责任心，收发本子虽是小事，但决不能遗漏、误时。面对拖沓的同学要合理地催促，不能只顾自己，作业一做完就去玩了。"她从组长的职责出发，谈了组长应尽的责任，强调组长要有大局观，要看到全组组员做作业的进度，做好老师的小帮手。

金鑫则高高举起了他的手臂，结合自己的切身体验谈了对组长这一职务的认识："小组长在组内要起到带头作用，学习成绩不一定要拔尖，但是要有一颗乐于助人的心。刘子豪做组长时，一旦我遇到难题他都会耐心地教我。"是啊，身为组长不仅要善于发现组员的问题，更要允许组员慢慢跟进，要善于帮扶引导，以自己的人格魅力带动后进组员，而不是简单地指责或打报告。

"小话痨"晨轩提出了与同学们不同的关注点："组长是一个小组的'领导'，他不仅要'站得高看得远'，还要能给组员提供情绪价值，团结同学，带领所在小组积极向上，充满正能量。"的确，组长要想管理好自己的小组，不仅要以身作则，更要以积极正向的思维方式，给小组注入正能量。面对同学之间的矛盾，能使双方保持冷静和克制；遇到难题退缩时，能一马当先为组员做好引领与示范。

经过一番讨论，大家对组长的责任和义务变得明晰起来，于是在全班讨论的基础上，我们共同制订了组长的任职条件。

第一点，要求有外向的性格。小组长是班级小组的组织者、协调者，在合作学习中是小组活动的灵魂，因此，性格外向为好。如果小组长性格过于内向，不能身先士卒，身为表率，领头作用就不能落实，好多需要小组长去配合教师完成的工作就无法推进。比如，收作业，对于那些不主动交作业的组员，内向的小组长不会主动收要作业，更不会主动询问其原因，等到教师作业落实的时候那是一问三不知。同时，整个小组也会缺乏冲击力、战斗力和活力。

第二点，具有较强的责任心和管理能力。责任心是一种能力，一种品质，更是做好工作的基础与保证。管理能力则是搞好小组建设的保障。作为一组之长，小组长必须高标准要求自己，并以身作则，这样才能服众，才能带动组员的积极性，带领组员进步。

第三点，拥有热爱学习的态度。小组长不一定是学习最好的，但必须拥有良好的学习品质，只有这样才能得到组员的拥护、欣赏、信任，才会有号召力，只有这样工作开展起来才会顺利，才能把小组管好。

对组长人员的确定主要采取自主竞聘、差额选举的方式。因为有了前期的讨论，学生对组长这一职务的认识就变得比较深刻，我一询问有哪些同学愿意竞选小组长，刷刷地手举起一大片：岫竹、小旸、小涵……眼睛微微一瞟，发现有十余人符合竞选的基本条件。我立即宣布此次组长竞选的正式人选，让选手们在十一假期认真准备竞选稿，节后的第二天正式选举。

正式选举那天，为了进一步增强竞选的神圣感，我让每一位当选的组长感受到本次竞选的独特性，增强仪式的气氛。我趁着学生选举的热情，让新任的组长一起站在台阶上，面对全体同学进行一次任职的宣誓："为了把小组建设成一个团结友爱、永不放弃的团体，从这一刻起，正式开始我的工作。我将以实力为根，率先垂范；以诚信为本，言出必行；以爱心为基，服务班级；以未来为导，提升自己。不辜负老师和同学们对我的支持与信任，为南瓜屋贡献力量。以上誓词，请老师和同学们监督。"宣誓完毕，台下立即响起热烈的掌声。

确立了组长，便进行各小组的筹建活动。常规的小组组建常常按照异质分组的原则，虽按照男女搭配、成绩优劣、性格互补等原则进行编排，但大多采用"包办婚姻"，以教师为主导，充其量还是停留在"行政小组"的范畴。为了充分发扬学生的主观能动性，我们采用募集制，按照"双向选择、自主组合、审核建制"的原则开展此次小组的筹建工作。

我首先给小组组建划定了一个底线逻辑。①组长有选择组员的权利，组员也有选择组长的权利，双方协商，达成组员的优化组合；②组员的构成要遵循广泛性原则，涵盖优秀、良好、潜能三个层次，男女生比例协调，身高相宜。③小组组建完成后为本组设计一个组徽，体现本组的发展愿景。

为了给孩子一个充分的考虑期，我在宣布组建规则后为他们留出2天的缓冲时间，允许他们充分接触，彼此了解，更改意愿。最先组队成功的是"开心电能组"，组长晨轩坦诚地说道："我们小组成绩虽不是最棒的，但却是最团结的。大队委佳瑶负责学习的答疑解惑，恒瑜虽平时沉默寡言，但做事却比较认真。小组内的渊渊同学可能成绩有点落后，但他却很大方，从不为一点鸡毛蒜皮的小事和同学闹矛盾，而且对待学习的态度也比较务实。相信在大家的共同努力下，我们小组必将前途无量。"说完还顺势比个耶。我为孩子鞭辟入里的分析暗暗叫好，旋即宣布"开心电能组"组队成功，并附上自己的评价："正确分析小组的优劣势，组内分工明确，面对暂时落后的同学能扬善救失。"

因为有了"开心电能组"第一个吃螃蟹的例子，"柠盟之约""希望之翼""虎虎生威""向日葵联盟"等小组相继组建成功，原来担心会有学生落单，最后却发现自己多虑了，因为既然已经划定组队的底层逻辑，学生一般都尽可能按照要求实现双向选择。一个个凑在一起，开始规划小组今后的发展方向。

我将他们设计的组徽都张贴在黑板上的小组龙虎榜里，既能作为小组的物象代表，又凝聚着组员共同的发展愿景。

为了进一步深化小组文化，打造属于小组的精神内核，我开展了一系列的小组活动。比如，每月的主题班会由各小组轮流设计、主持，背诵作业以小组为单位进行抽背……为了强化小组意识，我和科任教师协商，各学科的学习评价也以小组为单位进行整体评价，由此让小组成员产生荣辱与共的休戚感。我们还以小组为单位进行"成长记忆"小组周志的撰写，每周由组内的一位同学负责执笔，记录发生在组内的感人故事或难忘瞬间，以一种发现美、欣赏美的眼光记录属于彼此的共同记忆。组内其他同学要针对撰写的故事在文后附上各自的感受，字数与形式都无限制，只需表达自己的真情实感，对记录者进行正向的引导与鼓励就可以了。第二周再由组内的其他同学撰写，如此循环，不仅锻炼了学生的语言表达能力，而且记录了属于彼此的共同记忆，促进情感的交流。因为有了参与感，对小组的认同感，对组内规则才会发自内心的维护与坚持，更引导了学生学会自我评价与自我鼓励。

到了月底，根据本月各小组的表现进行增值性评价，各小组根据各自的表现申报相应的小组特色奖项，通过为自己写颁奖词引导学生进行自我成功经验的总结与提升，提升孩子们的小组意识与集体荣誉感。而对前三名的组别，则上台进行表彰，在隆重的颁奖典礼中授予不同内容的奖章，自豪感溢于言表，进而将小组的文化建设往纵深推进。

💜 接纳：真实的沟通

一

要与孩子沟通，就必须进入孩子的内心世界，了解孩子的思维特点，用孩子能听得懂的语言与孩子进行沟通。

今天经过教室，无意中听到了搭班毛老师和孩子们进行的第一次正式交流。

"同学们，你们好！我是你们班新的数学老师——毛老师，毛毛虫的'毛'。作为孩子难免会犯错误，别急，只要努力，认真听取建议，就能由丑丑的毛毛虫蜕变成一只漂亮的蝴蝶。"

这样的开场白很简单，却非常精彩。我想若干年后，孩子们肯定记得今天相遇时的情景。我们常常以传道者的姿态进入儿童的世界，用自己的成人优势，对孩子颐指气使。孩子即使认同你的观点，十之八九也是迫于某种权威。沟通更应该是双向的，有对话更有回应，只有两者有机结合才是真正的有效沟通。

从自己的姓氏入手，运用恰如其分的比喻破解孩子内心的密码，让人不由想起那句耳熟能详的话：所有的错误都是孩子的成长资源。如毛毛虫进化成蝴蝶，因为曾经的丑陋痛苦，才最后成就了蝴蝶的彩裳羽衣，充分彰显了教师的教育智慧。孩子愿听，爱听，为这浅浅的希望而折腰，效果也相当简单直白。

教师是成人世界派往儿童世界的全权大师，孩子通过教师认识广阔的世界，既有意识的建构，又自我意识的觉醒。

二

儿童违反课堂纪律到底是为了什么？

临放学前，接到教师的投诉：上课的时候，子豪与小硕以及宇琪在玩耍，多次提醒却收效甚微。于是在放学后的"一日反馈"中将这个问题提了出来，马上便收到子豪妈妈的简讯。

俞老师，我家臭小子讲空话的破习惯真是我的内伤。过去把前任班主任气得不轻，被我狠揍了 N 次，但熬不了多久就会又犯。打多了想想还是得好好跟他讲道理，但晚上保证好好的，到了学校又做不到……老师他这是不是一种病，还是为了博取老师们的关注？还有他的脾气也不好，一燃就爆的那种，因为他这些，我每天上班都战战兢兢，如履薄冰，就怕又把新老师气着，被嫌弃。

"话痨"儿童在班级里毫无疑问是比较常见的。究其原因，还是基于自律能力弱的缘故。与"枯燥"学习生活相比，聊天、讲废话自然是更加有趣，能有效排解焦躁的内心、闷热的环境以及渐浓的睡意。

于是再一次批改完子豪同学的作业后，我把他叫到了身边："老师发现你今天的作业不仅速度快，准确率还极高。老师准备聘请你做同学们的小老师，如果有人向你请教你就帮助同学，如果没人来问你就自己看小说。如何？"他爽快地答应了。于是，他忙碌地替同学们答疑解惑，聒噪之声顿时消停了。

三

离考试还有 15 分钟，我望着我的学生。倏然，我发现他们的眼神中流露出紧张与不安。他们是在担心考试考不好吗，还是在畏惧统考的难度？如果我视而不见，会不会让他们一直沉浸在这份担心与不安的情绪中，我习惯性地扫视了一下全场："嘿，我的孩子们！截至六年级你们已经经历了无数场考试，考试不是终点，它是新的起点，预示着新的征程。"我又深情地说，"老师教了你们六年，我还没有和你们握过手，今天我和你们每个人握一次手，好吗？"原本沉闷的气氛，有了松动的迹象。

我开始和学生握手，一桌桌，一个个，我挨个儿握过去。学生的手，有的湿漉漉的，明显是汗渍的痕迹；有的在微微颤抖，那是因为从未和老师握手的缘故吗？有的热乎乎的，让人感觉一种蓬勃的朝气；有的胖嘟嘟的，像个小肉团……我握着学生的手，望着一张张漾开幸福笑容的脸。就这样，我握着这个学生的手，又握着那个学生的手，教室里的氛围渐渐变得轻松了不少。此时此刻，师生之间用这种方式进行了一次独特的沟通，学生原先的焦虑，在此刻被幸福和喜悦所代替。

沟通的最高境界是通过交流厘清对方真正的底层需求，最后用自己开放性的思维提出共赢的解决方案并与对方达成共识。因此，沟通不是为了说服别人，而是为了理解别人，达成共识。

作为班主任如果你能修炼成真正的沟通高手，你会发现自己能把学生看似复杂的诉求一一化解；你会发现原本那些无法破解的难题，都有了解决的方案；你会发现你与学生的交流都有了翻天覆地的变化。因此，沟通贵在得法，作为教师我们面对的是一个个个性迥异的鲜活个体，教师沟通的方法是不断变化的，但真诚和接纳是打开心扉的一把钥匙。

💜 具身：橡皮保卫战

周三晚上，线上的一场家长沙龙引起了家长们的热议。这次沙龙的主题是"良好的学习习惯"，聊着聊着家长就聊到孩子的文具。

科涵妈妈先打开了话匣子："最近橡皮简直是当饭吃，几乎是一天一块橡皮。"

"当饭吃也就算了，我买的一盒橡皮用不了半个月已经见底了。"志镛妈妈接过话茬，并发了个"无语"的表情包。

"我问嘉宁橡皮去哪了？他说丢了。还埋怨我小气，说一块橡皮才多少钱。"发言的是嘉宁爸爸，他看了直摇头。

…………

一滴水能折射太阳的光芒。一块橡皮擦是否完好，这背后也是孩子上课状态的真实表现，况且这直接影响二年级学生认真听讲、专心写字、爱惜文具等学习品质的养成。保护橡皮，刻不容缓！于是我在家长群里第一时间就橡皮问题表明了态度，并提出借橡皮问题来引导孩子养成良好的学习习惯。

第二天，借着指导学生书写的机会，我俯下身去察看孩子们的橡皮，事实让人大跌眼镜：乐群的橡皮只能用"惨不忍睹"来形容，上面用铅笔戳出了数十个小洞，或深或浅，完全破了相。我记得他早上才拆开包装使用的。

子轩的橡皮也强不到哪去，此时已剩下苟延残喘的一小块，其余部分已经被他抠成若干个小块，像骰子一样在每一面标上不同的数字，貌似边做作业边掷骰子。

想着女生或许会好些，再看看身边的子英，橡皮已经被她擀面一般搓成了一根根细条条，细致地放置在铅笔盒里。而此时不远处的博豪没写几个字，就一边嘟囔着一边噼里啪啦地翻着书包寻找他的橡皮。

叶圣陶先生曾指出："什么是教育？一句话，就是要养成良好的学习习惯。"心理学研究表明：人的学习习惯在 10 岁左右就已基本形成，以后如果不给予特别的教育，形成的习惯很难有多大的改进，所以尽早使孩子养成良好的学习习惯对孩子的终身发展是极其重要的。我何不以"爱惜橡皮"为锚点，运用强化原理，着手培育一年级新生的正向行为，让他们受益终身。

于是我在教室巡视了一圈，边走边顺势从桌子上收走了几块比较有代表性的橡皮。橡皮主人瞪大了眼睛看着我，不知道我的葫芦里卖的是什么药。当我把橡皮逐一呈现在大屏幕上，同学们开始交头接耳地指指点点，有些捂着嘴忍不住笑出声来，全然忘了自己曾经也是其中的一员。

"同学们，谁能说说橡皮有什么作用？"

"橡皮可以帮我们把写错的字擦掉。"率先回答的是子睿同学。

"看着大屏幕中的这几块橡皮，你们有什么感受呢？"我抛出了第二个问题。

"很难受。橡皮是我们学习的好伙伴，我们不仅没有爱惜它，还在伤害它。"皓程谈了自己的感受。

"说明橡皮的主人在上课时没有认真听讲，在做小动作。我的同桌常常在上课时抠橡皮。"好家伙，已经开始举一反三，以现象为案例开展批评与自我批评了。

"那么我们可以怎样保护橡皮呢？"这是我今天的第三个问题。

孩子们在经过一番热烈讨论后，纷纷献计献策。

王馨怡觉得可以举行一次保护橡皮特别行动，就如上学期保护鸡蛋一样，来唤醒大家爱护文具的意识。

虞子言认为上课请同桌监督，不做小动作，不去抠橡皮就是在保护橡皮。

劲麟提议可以给橡皮写上学号，那么捡到橡皮就能很快找到失主。

根据孩子们的提议，我们准备进行为期一个月的"橡皮保卫战"，看谁的橡皮在一个月后还能保持完整的外形。马卡连科的平行教育理论强调以集体为教育对象，通过集体来教育个人的教育方法，使教育者对集体和集体中每一个成员的教育影响是同时的、平行的。看似简单的三个问题，其实在不断引导学生思考，唤醒孩子保护文具，养成良好的听讲习惯。

下课后，我旋即在家长群发布了一则"橡皮保卫战"的倡议书。

各位南爸南妈：

为了使孩子养成良好的学习习惯及物权意识，和同学们讨论后准备开展一次"橡皮保卫战"的特别行动。

（1）保护对象：一块绘图橡皮（由家委会统一采购）。

（2）活动要求：一个月内不遗失、不破坏，且不可更换。

（3）评选安排：每周进行一次总结、点评，月底评选出"最佳保镖"并颁发奖状。

希望家长积极配合，为培养学生良好的学习习惯助力。努力做到不指责、多关注、多提醒。如确有遗失，请到班主任俞老师处重新认领一块橡皮，做好相应的记号。

家校"预沟通"是班主任常规工作中容易忽略的细节，但却是提高家校沟通效能的重要环节。因此，班主任要坚持积极管理，在重要事务面前养成"预沟通"的习惯，才能更好地促成家校共识、共行的达成。所以在家长沙龙中我第一时间表明态度，进行有效的活动铺垫，通过倡议书讲清活动的目标价值定位，争取赢得家长的支持。一方面需要家长全力配合，不可作假，诚信参与此次活动，如果有遗失，请和老师联系，不可以擅自补充参赛用品——橡皮；另一方面，也可以让家长和孩子一起想想办法，如何保证自己能取得保卫战的最佳战绩，促进家校之间达成共识，鼓励家长引起重视并积极行动。

为了打赢这场保卫战，学生可谓是铆足干劲。有的同学为了减少橡皮的损耗，写字时都显得小心翼翼，生怕写错字；有的一使用完就赶紧把橡皮安置到铅笔盒里的指定位置，看来还有效地培养了学生的归置意识。最夸张的是赵乐群同学，为了怕橡皮丢了，给橡皮用皮筋装了个小尾巴连在铅笔盒里，真应该为他的创意点赞。五天后，家长们纷纷在班级群里晒出孩子的橡皮对比图，发现在上面抠画的现象已经绝迹，大多数同学能将橡皮保护得很好。一个月后，对表现良好的同学进行嘉奖。

　　橡皮保卫战，看似保护的是橡皮，但其背后的底层逻辑是希望学生能养成上课认真听讲、做作业专心致志的良好学习习惯。在教室里捡到笔、橡皮的概率越来越少，讲台、粉笔盒经常有人整理，凌乱的桌面也渐渐变得干净了。通过联合家长，共同合作，制定奖励制度，孩子在慢慢转变，专注力的培养也变得有的放矢，学习期间学生能努力做到眼、手、口皆到，在自我教育中让这种意识深入人心。我将我的感受记录在每月的"南瓜屋故事"中。

各位家长、孩子们：

　　大家好！

　　持续一个多月的橡皮保卫战已经顺利地落下帷幕了。在这一个月的活动中，孩子们通过自己的努力和坚持，保卫了属于自己的那块小小橡皮。

　　在这个过程中，我们每一个孩子都有属于自己的独特感受和体验，可能在体验的过程中每个孩子的保卫结果有所相同或者不同：有能坚持到最后迎来胜利的曙光，有好不容易熬到最后却功亏一篑，有的一路上险象环生，也有的经历了失而复得的惊喜……在这个过程中，我们以细腻的感触、丰富的情感经历了橡皮带给我们难能可贵的体验，这一切远比说教更有意义。

　　平时我们经常和孩子说"一粥一饭当思来之不易，半丝半缕恒念物力维艰"，孩子们都懂，但是真正需要落实、践行的时候，却把观念抛到了九霄云外。习惯的养成离不开持续的跟进与坚持，不论孩子在这次活动中成败与否，每一个参与其中的孩子都会获得属于自己的独特感受，成为他人生信念的一部分——学着去爱护物品，学着去珍惜、去努力。

小学的六年时光是孩子们养成习惯的关键时期，好习惯的养成需要我们共同努力。在这里老师是引路人、方法的指导师，也是教练，家长是啦啦队和辅助员，孩子是我们的参赛选手。这条路很长，需要我们共同坚持，跌倒并不可怕，爬起来继续才是关键；暂时的落后也不必心焦，慢慢努力，终能赶上；暂时的领先也不要骄傲，稳稳来，及时总结才能保持。让我们一起做，一起经历，一起感受，一起总结和收获，共同稳步走好这最珍贵的六年小学生涯。

"保护橡皮"的行动，虽然由橡皮擦的破坏而起，但影响的却是学生的行为习惯以及思想道德打基础的关键时期应有的教育引导，它不仅仅是一次课堂干预活动，更应该融入学生的日常学习、生活，长久地塑造学生的正向行为习惯。

学生应该站在生命成长学习场的中心，教育应当正确运用教育心理学的基本原理"勿以善小而不为"，春雨般无声地播撒，润泽着学生的生命，时时给予成长所需的营养和能量，最终实现教师与学生在教育中的共同进步。

💜 尊重：一棵消息树

　　今天晨读的时候巡视教室，发现玲同学一直不在状态，灵敏得如同一台摄像机，一有风吹草动都逃不过她的一双法眼。从某位同学步入教室开始，便进行全方位地追踪观察，即使对方放下书包取出课本，她还得愣愣地看上好一会，几乎达到了360度无死角。

　　于是我只得铁塔般杵在她面前，玲同学缩了缩脖子，不得不装模作样地收回游离的眼神，上嘴唇和下嘴唇装腔作势地似有似无地一张一翕，仿佛在用心地诵读课文，但是我的耳朵里却收不到任何有关课文内容的讯息。转念想到孩子已经有改正的意念，姑且放她一马，以观后效。

　　继续巡视，轻轻地从每个手捧课文、认真读书的孩子身旁经过，这朗朗的读书声绝对是这世上最动听的音乐，尤其是各个都精神抖擞，十二分地卖力，让人见了无不倍感欣喜。

　　走了一圈，我发现玲同学还是一副西风微醺的旧模样，迷离的眼神、木然的表情、伸长着脖子瞧着教室外时不时有人经过的走廊，就如一棵消息树，随时关注着四周的动静。玲啊玲，我真不知道该如何说你了，难道非要让我板着脸对你一顿训斥吗？难道你真喜欢那种疾风暴雨般的雷霆之怒？我按捺住即将往上窜的怒火，将玲同学赶到了教室后面的黑板前。

　　其实她的这个坏习惯的养成并非一朝一夕，从她的性格中就可见一斑。平时像个"闲人"马大姐，凡事总喜欢插上一脚，去过问几句。待人倒是特别热心，"闲心"胜过了她在学业上的进取心。她喜欢体验收获的喜悦，却不太爱付出自己的努力；她喜欢被人瞩目的感觉，却缺少应有的水平与能力，有时甚至为了表现自己，并为了面子问题，撒不大不小的谎。我清晰地记得上次汇报《老鼠记者》的阅读量，明明只阅读了几页，却非要说自己已经看完，但是簇新的几乎没有翻阅痕迹的页面早已真相大白。有时候没有当众将那个吹得大大的气球戳破，只是不想看到当事人颜面扫地的那一刻。

因此，下课的时候，我将当事人带到办公室，严肃地告诉她："一日之计在于晨，每日的晨读不仅能让学生提高自己的朗读水平，更是培养语感的良好时机。多读多思，自然能锤炼语言的敏感度。"但是她却眨巴眨巴眼睛，一脸无辜地看着我。尽管她时不时地点点头，表示认同我的道理，但我知道这只是她迫于我强大的压力不得不做出该有的表态。我刚才的话语，只能像泥牛入海，几乎留不下什么痕迹。

我不得不转变自己的策略："玲，老师知道你非常想成为一名班干部，也总是热心地为同学们服务。但是你对自己也要严格要求，上课积极思考问题，晨读时候用心朗读，让每个同学都感受到你的变化，竞选的时候他们才会把宝贵的一票投给你。"她狠狠地点了点头，眼神中掠过几丝欣喜，让我感到自己似乎是下对了药。我并没有见好就收，将今天的谈话向纵深发展："早上晨读的时候，你在看什么呢？"

她迟疑了片刻，嗫嚅地道："我在看走廊上经过的同学。"说完，她羞愧地低下了头。

"那你知道这是在开小差吗？"她又点了点头。

"下次你一发现自己在开小差，要马上回过神来。我觉得你一定能战胜这个坏习惯，你一定能做得更优秀。"说着并轻轻地拍了拍她的肩，满怀希望地盯着她。我想将自己热忱的期盼通过自己的眼神传递给她。她笑了，笑得那么无邪。

每一个做教师的，都希望孩子在自己所任教的课堂上认真学习，取得好的成绩。于是，当看到有这样几个课下顽劣、课上无精打采的孩子，作业马虎拖拉、成绩不敢恭维的孩子，很容易就会站到孩子的对立面，对其严加管教、大声呵斥，但这样做往往不会起到应有的效果。有时候我们为什么不能给孩子一点时间，给孩子几分期待，让他们感受到为师者的拳拳爱意。

针对玲同学爱走神的坏习惯，单靠这么一次谈话是无法根治的，我得做好打持久战的准备。除了谈话，在课堂上我也要给予更多的关注，有意识地请她重复前一位同学回答的问题，进而培养她的倾听能力；下课时，和孩子一起玩玩舒尔格方格，有时候还有意无意地输给她，培养孩子的专注能力。对她的点滴改变我要给予该有的肯定，不夸大其词，要让她真切地感受到自己的蜕变，使之始终持有一颗蓬勃向上的进取心。

有时候，我们应该蹲下来，试着去解读每个孩子内心的想法，在这个过程中，教师会萌发更多教育的情愫，也会更有责任感，更有爱的欲望和行动。

💕 满足：告别手机瘾

那天晚上6：30，正准备和家人出门去看演唱会，为了这一天我早早地买了票。这时手机铃声响了，一看，是个陌生电话。

电话那头传来了浑厚的男中音："俞老师，您好！我们是派出所的，给您打电话是想询问一件事，你们班有没有住在世纪东方广场附近的学生，你们班的乐乐同学说去同学家，到现在还没有回来。"

一听此话，我的大脑飞快地转动着，印象中只有志镛同学是住在那附近的，赶紧回复："貌似只有一个学生，我打电话确认一下。"接通电话的镛妈，说他们还在周边游玩，今天根本不在家。

那么乐乐会去哪呢？我拨通了派出所的电话，告知对方乐乐根本没去过。

电话那头传来了片刻的迟疑，然后回复我："俞老师，是这么回事。今天中午乐乐和他爸爸在世纪东方吃饭，因为手机的事两人吵了起来。一气之下乐乐就甩头离开了，至今未归。"一听这话，我就开始责怪对方那么长的时间为什么到现在才找人。对方也觉得很委屈，因为乐爸要求他们不能劳师动众，坚决要求控制影响范围，实属无奈才给我打电话的。

放下电话，我不由长叹一声，对于乐爸，其实我是既心疼又无奈。他有着研究生的学历，对教育也是颇有自己的心得，对于孩子他总想让他接受自由快乐的教育，所以对孩子没有过多的约束，再加上乐妈在医院工作，加班是常有的事。乐爸又要忙于应酬，只能将乐乐交由他奶奶代为教养，所谓的"快乐教育"最后成了"放羊教育"，只要不出事就行。为了便于和孩子联系，前段时间刚给孩子买了手机，于是孩子就迷恋上了手机而不能自拔。

于是，我取消了观看期待两个月之久的演唱会，独自一人骑着自行车开始了寻人。孩子离家出走会去哪呢？外向的孩子离家后一般会与自己的朋友联系，获得情绪的排解、情感的支持。乐乐刚转来没多久，于是我给和他玩得比较好的同学逐一打去电话，答复都是"未见乐乐"，那就排除第一种可能。

那么剩下的可能是在附近熟悉的地方转悠，比如，公园、江边、广场、自家小区附近等。于是我以事发点——世纪东方广场为圆心，画了个5公里见方的区域，一个点一个点寻找：樱花公园、儿童公园、银泰城、生态长廊……时间如沙漏一般慢慢地流动着，滴落在我忐忑不安的心房。夜色也越来越浓，这时我接到派出所的电话，说在乐乐家小区花园里发现四处游荡的他。那一刻我除了心疼没有别的想法，我赶紧给乐爸打了一个电话，只表达一个意思：晚上好好休息，有事明天再谈。乐爸承诺一定照做。

一夜无眠。

心理学家阿尔弗雷德·阿德勒说，追求卓越是人类的天性，人类自出生起就有学习和追求卓越的愿望。当这种天性没有得到满足的时候，人们就会寻找心理补偿。沉迷手机的孩子，最深层次的原因一定是在学习和生活中没有找到自己的价值感，缺少来自外界的认可和肯定。当孩子在学习上遇到困难，没有及时得到鼓励，就会产生挫败感。当挫败感积累到一定程度，孩子的自信心就会丧失。在学习中得不到的内啡肽奖励，手机的碎片信息、短视频却可以轻易给予多巴胺安慰，所以手机成了孩子获取价值感的依靠。

看到孩子迷恋手机，我们不能"谈虎色变"，也应该看到手机的正向作用。我们生活在一个高科技、自动化的时代，孩子应世而生，他们需要去接触和体验，孩子玩手机是与社会接轨，这是时代的需要。同时手机也是孩子了解信息的重要媒介，孩子通过它去观察新事物，获取共同话题，和同龄人进行交流、社交，所以不能简单地以没收手机了事，而漠视孩子的需求。

第二天中午，我和乐爸进行了长达 40 分钟的沟通。我觉得任何孩子的问题最后都来自家庭的问题。乐乐沉迷手机其实在表达其内心的空虚，他在呼唤家长的陪伴与理解。每每他想获得家长情感支持的时候，回应他的只有父母忙碌的身影，那孩子在内心里种下了种子：我没有人陪伴，我非常孤单。这时手机成了最好的心理慰藉。

如果我们想要乐乐不迷恋手机，就需要解决孩子的情感需求，做好孩子的陪伴者，这个陪伴不是简单地坐在身边就好，真正的陪伴是心灵上的连接。比如，利用周末时间带着乐乐广泛地接触大自然，在现实生活中寻找存在感、成就感，让乐乐明白现实生活中的乐趣比虚拟世界更有意义。我还向乐爸推荐了一个甬城的户外亲子营，这时候旁观者的看法能带给乐爸更多的触动。

周二放学时，我将《教育中的心理效应》这本书递给了乐爸，坦然地说："我觉得这本书挺好的，或许可以给你些帮助。"乐爸没有拒绝，接过后匆匆一翻便放入包中，答应我会好好读一读。我觉得可能那略微泛黄的书页，以及曾拜读三遍后所留下了太多圈画画线的记号让他意识到我的真诚，或许乐乐出走事件让他也察觉到自己教育的缺失。但只要开始，就永远都不晚。

为了补上这缺失的一角，我总带着"亲爸滤镜"来看待乐乐的变化，寻找他身上的点滴进步，让他感受到关注的目光。针对乐乐同学喜欢"二次元"动漫形象这一嗜好，我创生了"二次元"微表情，以作业本、家校联系册为纽带，进行师生间的秘密联络，既避免了耳提面命的尴尬，又使学生明确向上向善的努力方向。当他情绪低落时，我会在他的作业本中画上"拥抱"表情；当他字迹端正时，我又会画上"夸赞"的表情……一次次，一回回，面对我热络的回应，乐乐先惊愕继而信任，因为他想不到一个中年的油腻大叔也有一颗萌萌哒的内心，"自己人效应"充分发挥了作用。

乐乐的事情绝不是个例，于是在班上我们围绕手机开展了一次"我的手机我做主"主题班会。在抬杠环节聚焦"手机我做主"VS"手机爸妈做主"同学们展开了激烈的辩论，大家的观点都倾向于"手机我做主"，都想做一个独立自主的青少年。

"手机我做主，有助于培养学生自我管控能力。因为我们毕竟要长大，所以从小就要学会抵制各种诱惑。"

"为了让手机能够自己做主，我们可以和父母建立君子协定，让他们监督。"

"父母管控我们的手机，不是对我们不信任，而是我们的有些行为让他们很担忧。"

"如果手机由父母做主，我的内心是很焦虑的。所以最后的矛盾不是手机，而是平等的亲子关系。"

从中可以发现同学们借手机想表达的是渴望平等，期盼独立的愿望。于是，我借机引导学生订立属于班级的手机管理公约，并公诸于班级群，群内家长举双手赞同。

南瓜屋手机管理亲子公约

为了进一步促进孩子身心健康成长，特制定手机管理家庭公约，这需要家长的支持和配合，让我们家校协同管控，促进孩子健康成长！

（1）每次使用手机不能超过30分钟，使用后进行远眺或做眼保健操来保护眼睛。

（2）遇特殊情况需临时使用电子产品的时候，经家长同意后，应设定使用时间，在规定的时间内结束并严格遵守"五不"要求：吃饭时不碰手机，写作业时不用手机，与父母、同伴面对面交流时不看手机，走路时不拿手机，睡觉前不玩手机。

（3）使用电子产品不得浏览违规游戏与网页，不充值，不攀比，做到绿色上网，愉悦身心。

（4）注重网络安全，不在网上泄露任何个人及家庭的信息，遇到网络诈骗或没有把握的事情立即告诉家长。

（5）家长以身作则，严格管理，积极开展亲子间有益身心健康的游戏。

本协议自签字之日起生效，请家长和孩子互相监督，共同成长，共同进步。

之后，我一直在思考："如果他是我的孩子，我希望老师如何对待他？如果我是这个孩子，我又希望老师如何对待我？"作为高知家庭，其实应该能培养出更为出色的孩子，但在缺失陪伴的家庭中，乐乐变得执拗、孤僻、敏感。虽然孩子的问题我们不能彻底根治，但我们可以让孩子的内心变得更加柔软，让他的生活变得更加阳光。

借着校篮球队纳新的机会，我将乐乐推荐给了篮球教练，看着他每天一早到校集训，晚上放学了在球场上驰骋。通过训练乐乐增加了与同龄人交流的机会，弥补了他课余生活的空缺，运动中所产生的多巴胺既满足身体的运动需要，也使孩子感到舒适和快乐。在区篮球比赛中，乐乐父母亲临赛场为孩子加油。虽然乐乐上场的时间并不多，但我从他们的眼中读出了满满的自豪。

放学后遇到乐爸来接孩子的次数越来越多，父子俩常常肩并着肩一起走回家，10分钟的路程成为亲子沟通的好时光，聊聊彼此的看法，谈谈彼此的快乐。更为可喜的是，乐乐妈妈申请了岗位的调动，调入了家门口的社区医院，大大增加了陪伴孩子的时间。随之而来，孩子的自制能力也越来越强，现实生活中情感的满足已超越网络中的虚拟世界。

毕业那天，我目送着孩子们离开校园。在经过道闸的那一刻，乐乐突然转过身来，朝我挥着手喊道："俞老师，教师节我一定会来看您的！"落日的余晖洒落肩头，我装作揉眼睛拭去了眼角的泪珠。孩子，其实我也会一直默默地关注你。

师生一场，无论时间长短与否，一经相遇，就是一场彼此成全的缘分。结伴而行，成为风雨路上照亮彼此的那束光。看见和挑剔他人的缺点和不足，这是人的本能，而如何科学地引导孩子找到适合他成长的最佳路径，成为更好的自己，这才是教育的专业性所在。教师成就学生的光明未来，学生成就教师的教育情怀。两者在互相影响中彼此成就，共同照亮了这段共行共修的生命旅程。

传递：有心处处皆舞台

有段时间没关注《宁波少年》的 App 了。今天在临近下班前翻阅了一下，欣喜地发现今天的发稿量竟然达到了井喷的状态，一日的发稿量达到 12 篇之多，我想大概是编辑"发疯"了。不过"疯"得有品位。今天发稿的有。

王馨怡的《有趣的〈老鼠记者〉》《观〈乐乐熊夺宝记〉有感》

张淳楷的《主持礼仪》《我和图书馆的故事》

邵皓程的《环保鼠勇闯澳洲》

丁逸飞的《消防演习》《铅笔盒》

王科涵的《我的记者梦》

褚劲麟的《运动会》

吴浩楷的《谁和谁好》

王梓欣的《我喜爱的〈老鼠记者〉》《我和书店的故事》

这样的结果几乎不敢想象，真的太出乎意料了。难怪有家长说："《宁波少年》都成为南瓜屋的班刊了。"但是有一点可以充分说明，家长投稿的积极性已经被我充分地调动起来了。

我们经常在说："写作要有读者意识。"学生写好文章不能仅仅让它躺在笔记本中沉睡，最好的方式就是要有一个发表的渠道。而《宁波少年》就是一个挺好的平台。起点不高，只需投入 120 元，便拥有一年的投稿权。所以当颁发小记者证的时候，我让孩子们逐一上台领取并拍照留影。通过小小的仪式，让孩子们懂得成为小记者是件光荣的事，那绿色的小挂牌代表着荣耀。

同时一有孩子的文章在 App 或者《宁波少年》杂志上发表，我总会郑重其事将其转载到家长微信群，尽管有时候响应的人并不多，但是我知道平静的水面下已经起了波澜，于是在班内有意无意地渗透相应的宣传，尽管有时候对发稿学生的夸赞也只是寥寥数语，但是群众的眼睛是雪亮的，小家伙都明白其中的奥妙：原来写好作文让爸爸妈妈帮忙去投稿，就能得到老师的表扬，甚至有时候还有一点点"小惊喜"，即使是再小的一颗奶糖，它的作用也毫不逊色于一颗原子弹。

但是必要的鉴赏与指导也是必不可少，对孩子交上来的呕心沥血之作，逐一阅读，圈出别字，画出佳句，仅此而已。基本上多迁就少删改，除了极不通顺的帮助疏通语词，一般都尊重原著。同时注重必要的反馈与讲评，有时候为了让学生明白"写清楚"与"写具体"两个层级目标的不同，特意出示两篇不同程度的文章，让学生在辨析中明白文章优劣。有时候遇到佳作，大伙儿对着投影屏一起诵读品评，也有一番滋味在心头，同时鼓励他们大声地朗读自己的作文，字怕上墙，文怕张口，语句通顺与否发声一念，就能感觉出来。我非常反对所谓技法的指点，言为心声，打动人心的不是辞藻的堆砌，而是朴素语言的真情流露，真实是文章的第一生命力。

2017年订阅《宁波少年》的有31位同学，基本与去年的33位同学持平，这份热情历时一年的淘洗还能保有这是难能可贵的。就像滚雪球一般，刚开始只有几个孩子在投稿，到现在班内几乎有一半的孩子在投稿，这种向上的正能量正在慢慢传递，我该做的就是持续关注，继续跟进。下阶段我感觉还可以在以下几个方面下功夫。

其一，继续推行"小记者发稿英雄榜"，根据孩子们的投稿情况进行量化评价，争取在年底评出"南瓜屋新人创作奖"。"风物长宜放眼量"，说不定哪天还真有人喜欢上了写作，无心插柳还真能柳成荫。

其二，化作春风唤醒那些还未发芽的种子。每次批改作文的时候，要有意识地找找那些尚未上榜的孩子，尽一切可尽之力予以发掘。带上放大镜，对最能发扬之处肆意表扬，盖章签名以尽推荐之能，争取让每个人都体验到刊发的喜悦。

其三，做好文章的收集整理工作，有整篇的更好，没有整篇的咱撷取部分片段，争取早日编出一本作品集，既是对过往历程的回顾，也是对新征程的展望。

的确，无论如何，开心最重要。

唯有幸福者，才能成为幸福的播种人和传播人。

重建：受伤的花蕾

一

"俞老师，我家丹丹今天又在家发脾气，明天不去学校了，向您请假一天。"晨会课时，我发现丹丹还没有来，正准备拿起手机联系家长，突然发现丹丹妈妈昨晚 12 点多给我发的微信。

盯着那个空座位，我愣了许久，我感觉其中肯定有隐情。我把丹丹的同桌英子约到了走廊上，在课间我常常看到两人形影不离，一起玩耍，一起做作业。"英子，你知道丹丹最近有什么心事吗？""老师，我听说最近丹丹的妈妈给她找了个后爸，为这个她常常和她妈妈争吵。而且我看到她的手臂上有一排密密麻麻的划痕，应该是用小刀片划的。"英子说完这句话，眼圈忍不住一红，开始呜咽起来。我不禁拍了拍英子的肩膀："我知道你是丹丹的朋友，平时你多关注一下她，有什么事及时和我说。让我们一起帮助丹丹。"

英子点点头，擦干眼泪回到教室，我陷入了思考：是什么让丹丹做出自残的行为？她到底有怎样难言的苦楚？我们可以采取什么方式帮助孩子让她走过情绪波动的阶段？六年级的孩子面临着身心的巨大变化，我们似乎习惯于用"叛逆期"来定义这群孩子，可是我们有真正关注过孩子的需求吗？

丹丹的学习成绩并不出色，在班级属于吊车尾的位置，胖乎乎的身材，性格大大咧咧。她是一个可爱的女孩，会在教师节头天晚上悄悄给办公室每位任课老师送上她手工制作的贺卡；会在运动会期间，等在终点默默地搀扶运动员走下赛道；会在出操时最后一个离开教室，关上值日生遗忘的电灯电扇。只是我怎么也没有想到，这样一个乐观善良的女孩，竟会用小刀划伤自己，她该有多痛，该有多无助！

我最终还是拨通了丹丹妈妈的电话。"唉，俞老师，我也不知道该怎么和你说这件事。自从我再婚后，这孩子和她叔叔（继父）的关系就势如水火，稍微有一点矛盾就大发雷霆。昨天因为不允许她玩手机，跟我大吵一架，说我根本不爱她。"电话那头，丹丹妈妈说话的声音越来越大，"最近还结识了几个不三不四的网友，一有空就在 QQ 上聊天，心思完全没有用在学习上，这样下去以后只能去混社会了"。她将昨晚的愤怒一股脑地宣泄了出来。"丹丹妈妈，你先别急，等丹丹来学校了我跟她好好聊聊。"电话那头丹丹妈妈的情绪渐渐平静了，我感受到了一位母亲"恨铁不成钢"的愤怒和无奈。

二

第二天一早，丹丹背着书包站在了办公室门口，远远看见我走来，她脸上的委屈越发清晰了，我知道她定是有话要跟我说。在交谈中我了解到，小时候母亲因父亲嗜赌如命便与他离婚了，因为母亲的文化水平不高，只能打些零工维持生计，童年时代是母女俩相依为命走过来的，这造就了丹丹大大咧咧的性格背后有着一颗敏感细腻的内心。一年前，母亲重组家庭并添了个弟弟，虽然继父也待她不错，但丹丹总觉得自己在这个家庭里是多余的，再加上母亲产后没有收入来源，情绪也变得比较暴躁。昨天因为和网友聊天受到了妈妈的斥责，所以爆发了一场亲子冲突。

重组家庭的孩子在原生家庭破裂时，已经遭受过一次创伤，面对重组的新家庭，对于他们而言是人生的又一场变故。孩子常常会觉得自己是多余的，自我意识特别低，性格也会更加敏感、易激怒，觉得重新组建的家庭不是自己的家，处于青春期的孩子可能会变得更加叛逆，比如，离家出走、结交不良朋友、有自残甚至自杀的行为；而年龄小一些的孩子则会表现为躯体化症状，变得畏畏缩缩，不怎么喜欢与人交流。

于是，我以即将召开的家长会为契机，要求父母给青春期的孩子写一封家书，说说心里话。消息一出，马上获得了家长们的支持。对于丹丹的家长，我特意给她的继父打了个电话，希望他能在百忙之中给丹丹写一封信，表达对她的鼓励与支持。这是一位通情达理的男人，他很惶恐，但没有任何的委拒，只是提出他最为恳切的要求，希望写完后能请我润色。我也坦言：真诚是最好的语言，即使错字连篇也能打动人心，掺杂了旁人的情愫反而违背了初衷。

第二天，学生从抽屉里取出家长留给自己的信，都非常诧异。森森忍不住开始泣不成声："平时我妈妈就是爱唠叨，觉得她不如别人家的妈妈。看了信之后，妈妈对我的爱点点滴滴都浮现在了我的眼前，天下父母的爱都是一样的伟大。"丹丹更是不敢相信继父竟然给她写了一封家书，打开信的那一刻我分明看到她的手在颤抖。纸短情长，虽然没有看过书信的内容，但我知道那坚硬的外壳正在慢慢蜕去。

三

那天担任评委，等我打开手机已是黄昏时分。手机微信里连续跳出近十条短信，其中还有两段模糊不清的监控视频，逐一点开认真阅读。视频主角是一位身形与丹丹一致的女生，背着书包将放学路上的塑料警示柱用力踢倒。

主管领导留言，请班主任严肃处理，明天带上学生到相关部门赔礼道歉。并告知学校已经对事件进行了调查，询问了班上学生都指认丹丹是视频中的肇事者，而且丹丹自己也承认了。

我看着视频，有点相信又有一点不信。因为身形实在太像了，可是视频实在是太模糊了。我先拨通了丹丹继父的电话，询问孩子是不是在他身边，要求和孩子聊一聊。

"丹丹，视频中肇事者是你吗？"

她沉吟了片刻，犹豫地说道："俞老师，是我。他们都说是我。"

"那画面中的人你都认识吗？"

"好像是乐乐，可是他说不是他。我也记不清楚了。"我正要继续追问，话筒里传来了丹丹继父的声音："俞老师，我相信不是我们家丹丹。虽然她比一般女孩调皮些，但不至于做出这种破坏公共设施的坏事。"

一听此话，我心中暖暖的。这种无条件的信任，我相信让电话那头的丹丹心里肯定也是暖暖的，这将是维系家庭稳定的重要基石。

不管结果如何，我想我们都应该给丹丹一个确切的事实，而不是一段模糊的视频，以及同学模棱两可的证词。我约上丹丹的继父一起奔向小镇的派出所。路上大雨如注，豆大的雨点噼噼啪啪地砸在玻璃窗上，雨刮器竭尽全力地来回摆动着，但也无济于事，只能依稀看到模糊的身影。副驾驶座上丹丹的继父，一言不发，我知道除了不善言辞，他的心头肯定也压着一块巨石。

为了给孩子一个公正的事实，所里值班的几位同志在征得领导同意后，愿意帮我们调取监控进行查证。监控室里，值班的同志帮我们一个机位一个机位进行勘察，而我们在大厅焦急而耐心地等待着。夜色越来越浓，雨渐渐停止了。当警察告诉我们那个类似丹丹的身影其实是另一所学校的学生时，丹丹继父不由地喊出声来："我就说不是嘛，我们家的孩子不会做这种事的！"如此念叨了好几遍，在他的心中已经把丹丹当作自己的孩子。

第二天，当我嗔怪丹丹为什么要冒认"肇事者"的时候，小姑娘羞愧地回应道："反正大家都认为是我干的，那我就承认了呗！好在叔叔是相信我的。"没想到一次乌龙事件，却促进了家庭的和睦，消弭了两人之间的鸿沟，我觉得也是值得的。

四

心理学上有一个著名的心理学效应叫霍桑效应。

起源于美国一家叫霍桑的工厂，为了提高工作效率，工厂对员工进行了"访谈"。他们让员工不限制内容，对工厂提出意见。访谈中，工人们大胆地讲出工作中的不满以及需求。没想到，访谈过后的工人们在工作中效率却提高了不少。询问原因才明白：大家被召见访谈后，他们都认为自己得到了关注，所以变得积极了。

心理专家梅奥由"霍桑效应"得出结论：当人们意识到自己正在被

别人关注时，会下意识地改变自己的行为和方式。这就是一种"看见的力量"，通过沟通去关注他人，从而改变对方的行为。为了让家长看到孩子身上的闪光点，我用问卷星 AI 设计了"走近我的孩子"调查问卷发到了班级群，检测家长对孩子的了解程度。全班 45 个孩子，还没到截止时间回收问卷 88 份，因为其中有一对双胞胎。这说明家长们对自己孩子的爱和关心是毋庸置疑的，而之所以有这么多家长跟孩子闹矛盾，其根源正如调查问卷的结果所示：我们班大多数家长对孩子不甚了解。

这份调查问卷的结尾有一道题是"您希望您的孩子成为什么样的人"。我看到不少家长在这道题上写了一大段心里话，有对孩子的美好祝愿，也有对孩子的暖心鼓励，还有简简单单的"健康快乐"。看着这一段段话，我不禁热泪盈眶，是啊，父母对孩子其实真的有很严苛的期盼吗？父母真的要求孩子必须成为一个优秀的人吗？我看到的不是这些，我看到的是父母期望孩子健康平安，期望孩子成为一个幸福的普通人，期望孩子有面对挫折的勇气，有失败后重新站起来的信心……这些是我们的孩子们不曾知道的。

在班会课上，我将这些调查问卷逐一打印出来，分别交到孩子们的手中，班里的不少孩子读到最后都流下了眼泪。其实在丹丹的父母填完调查问卷之后，我私信发给他们，希望他们能够录一小段视频来回答问卷的最后一道题。我在征得丹丹的同意之后，播放了这段视频，班会课上，丹丹哭了，这是我两年来第一次见到这个开朗活泼的小女孩掉眼泪，但是我知道，这是幸福的泪水。丹丹突然站起来说道："老师，我不会再伤害自己了，原来我的爸爸妈妈这么爱我，我真是太不懂事了！"

随后，我提议孩子们给自己的父母写一封信，放学后带回家，偷偷放在父母的房间里。此时的教室里只有笔尖划过白纸的沙沙声，我没有看到任何一个叛逆的小孩，我看到的是一个个发着光的少年。

孩子往往是重组家庭里的软肋，身为父母总是有一种刻在骨子里的担忧，怕苦了孩子，怕不好的情绪耽误孩子的一生。正是应了那句"带孩子难，给别人带孩子更难"。但孩子和父母总要分离，开始自己的生活，对于孩子，家是暂时的。

也正如知名心理学家武志红所说，我们给孩子提供什么样的爱，孩子就会以适应这种爱的方式成长，孩子出现的问题往往源自父母出现的问题。

也许人心就是这样，当一个人对我们百般呵护的时候，我们并不能感知到爱的温度，但当我们看到同样的那一个人深切地在意另一个人的时候，爱的悸动开始在心中升温，直至沸腾。

❤❤ 褒奖：送上门的颁奖仪式

开学第一天，我早早地走进教室，迎接我人生中第九届学生的到来。前两天已根据家长们提供的照片，对班上的每个孩子进行强制记忆。今天每走进一个学生，我就在脑海中进行搜索，但凡模棱两可的，赶紧打开手机相册"补课"，直到能准确无误地喊出对方名字。

一

一会儿人都到齐了，我便张罗着排座位，要求男生、女生各排成一排，以便组合成新的同桌。

这时，我看到了一个怯生生的身影，那种畏惧感恨不得将自己深深地埋在人群中。是他，晓伟同学，并不高大的身躯，躲躲闪闪地藏在全班海拔最高的男生后面，并与之保持相应的距离。厚厚的嘴唇不安地抿动着，半新不旧的校服下掖着一颗怯生生的小心脏，张望着却又怕受到突如其来的呵斥。

"晓伟，你为什么排在最后面？"

他睁大了眼睛，呆呆地望着我。

"老师，以前班主任就让他排在最后面。""他不用同桌的，一直坐在工具橱旁边。"话语间，人群中若有若无地传来几阵戏谑的笑声。

学生已经在"善意"地提醒我了。但每一个人在班级中都应该获得归属与认同，与他的家庭、成绩、长相无关。我没有过多的思量，快速地穿过人群，拉起他的手将他带到了队伍中间，那只手躲闪中带着几分抗拒。我没有让他挣脱，反而抓得更紧。推搡间，我在与他相近身高男生的后面为他找到原本属于他的位置。为了安抚他不安的情绪，我用力地用双手拍了拍他的肩膀，"以后你就排这里！"用清晰且坚定的语调，怕他没听清又追加了一句，"知道吗？"

他点了点头。原本佝偻着的背，在那一刻不由自主地挺直了。看向我的眼神充满着感激，我也回复以深情的对视。

接班后的第一次发言，我只表达了一个意思。

"每个孩子在老师的眼里都是一张白纸。新的学期新的开始，老师不太喜欢去前任班主任那里打听曾经的你们，我相信自己的眼光，喜欢用自己的视角去认识现在的你。希望你们努力把最好的一面呈现出来，用手中的画笔在白纸上画出最绚丽的色彩。与往事告别，将过去翻篇，不管你以前曾经画过什么，或者你画得并不出色都没关系。我们重新来过。"

孩子的脸上都绽开了浓浓的笑意，尤其是一群男孩子。晓伟在那一刻，不由自主地扭了一下身子。

中途接班，学生面对新的班主任往往会充满期待，即使是平日里经常犯错误的学生，也努力在新班主任上任之初尽可能少犯错误，以期待给新班主任留下良好的第一印象。我们一定要充分利用好这种心理期待，做好情感铺垫。因此，接手新班之初，要顺应孩子新的期待，不揭老底，使学生感到我们并不了解他们的过去，能充分激发学生的潜能，让每个学生都拥有要做得更好的信心。这也是我们常说的皮格马利翁效应。

二

渐渐地我发现，晓伟或多或少存在注意力缺陷的困扰。在课堂上，他无法长时间地集中注意力，上一秒还在听课，下一秒他已神游四方。这时，他已经开始不安分地比画着手指，食指和中指似太空漫步，从手腕慢慢移到了手肘。

我径直走过去，敲了敲他的课桌，他赶紧摆正了坐姿，那双小眼神显得无处安放。而当我转身离开不出 10 秒，他又会故态萌发，只不过这回挖的是橡皮。我注视着他，问道："晓伟，你还记得我们的班级公约吗？"为了便于识记，我将班级公约浓缩成几句朗朗上口的顺口溜：上课不做小麻雀，做题不做长颈鹿，放学不做流浪狗……他用心地说了一遍。"那上课的时候，你可要注意力集中哦！"他点了点头。

抽读课文，我特意邀请了晓伟。他甚是意外，一个"影子"学生竟要在课堂上展示自己。他犹豫了好一会儿，带着惊愕的表情磨磨蹭蹭地从座位上站了起来，蜷缩着腿弓着腰半趴着俯视桌上的语文书。他在读，只是声音超小，那是从喉咙底下透出来的。

"没事，大声地读吧。"我向他投去鼓励的目光。他嘴唇嗫嚅了一下，没有辜负我的期待，再一次朗读课文："秋天的夜晚，月亮升起来了，从洱海那边升起来了……"这回声音大多了，但却是如此艰涩，时不时地卡壳、停顿，这是长期缺少言语表达的结果。每个词是忽重忽轻蹦跳地从他嘴里窜了出来，缺少应有的流畅与自然。但我看到了，看到他在拼命地努力，如一只折翼的鸟儿在尝试重新飞回湛蓝的天空，虽然跌跌撞撞，伤痕累累。而后我亲自示范，又请晓伟同学读了第三遍。"有进步，能把生词'洱海'读准了。"我情不自禁地朝他竖起了大拇指，"同学们，让我们把掌声送给晓伟"。

耳畔响起了稀稀拉拉的掌声。或许大家都觉得这是老师对一位后进生怜悯式的鼓励，无非是逢场作戏，不必太当真。我放下书本，抬高手臂再一次示范如何鼓掌，从力度到手型，逐一讲解，并强调了这次我接任新班级的第一次表扬，请同学们都记住这难忘的历史时刻。这时，教室里响起了雷鸣般的掌声。同学们终于发现了其中不一样的意味。

下课了，我低着头批改作业，突然发现有个身影在身边流连。抬头一看，是晓伟，于是把有错误的作业本递给他。他愕然一惊，继而欢呼雀跃地如领了圣旨般去寻找作业的主人去了。

看着他的身影，不由触动内心最柔软的地方。师生一场，无论时间长短，更多的是彼此的成全，在相互扶持中成为照亮彼此的那束光。

三

晓伟其实是一个新型的留守儿童，从出生之后父母就远走异乡，交给了爷爷奶奶抚养，所以他所有的登记表监护人一栏，永远填的是爷爷奶奶。虽然衣食无忧，但他的启蒙教育是缺失的。我尝试联系了晓伟的奶奶，对我的电访老人家是非常欢迎的，但是我提出孩子注意力是否有缺陷，能否请医生对孩子进行诊治，老人的情绪就变得十分激动。前后尝试了几次都如此，我也只好作罢。

面对晓伟这样的孩子，作为教师该如何帮扶？一个大胆念头在我脑海里浮现，我为什么不让晓伟试一试舒尔特方格法。

舒尔特方格法，是目前一种最普及的提高注意力训练法。通常是在一张方形卡片上画上 1 厘米 × 1 厘米 的 25 个方格，格子内任意填写阿拉伯数字 1~25 共 25 个数字。训练时，要求被测者用手指按 1~25 的次序依次指出其位置，同时诵读出声。此方法普遍运用于飞行员、航天员的训练，也是学生提高注意力的有效训练法。用这种方法保持一段时间，人们的注意力就会有很明显的提高。

"晓伟，和老师一起玩玩方格游戏，有没有兴趣啊？你可别小看它，我们飞向太空第一人的杨利伟叔叔就喜欢玩。"被我这么一说，晓伟马上表示自己也想挑战一下。

"但是老师有一个要求，如果你想玩可不能半途而废，最起码玩一个月哦。而且刚开始只能玩菜鸟版，从 9 格练起，玩到比较熟练以后，再逐步增加难度。"他欣然同意。

我要求他的眼睛距离表格 30~35 厘米，视点放在表格的中心；在所有数字进入视野的前提下，找全所有数字，努力做到不顾此失彼；每当晓伟看完一个表，就稍作休息，避免眼球过于疲劳。刚开始晓伟的速度比较慢，无法达到标准，渐渐地就越来越快，有时候一个中午能看 10 个表，而我的中午休息时间几乎花在陪他玩表上。

这样持续了近一个学期，我发现晓伟的确有了点改变，他对学习不再厌恶了，同学们学习的时候他也能尝试着去读题，写出以自己的思维方式思考出来的答案。同时他交作业的次数也越来越多了，虽然大多数时候作业是没有完完全全做完，但我还是感到内心暖暖的。

四

随着期末的临近，我回家的时间越来越晚。

教室成了我和晓伟相处的好地方，我批改作业，他慢慢地补做今天需要完成的作业，对于难以理解的题目，我一字一句地读给他听，圈画出关键词；对于易写错的字，我帮他摘录进积累本，每天进行复习加深印象；对于思维要求比较高的题，我引导他克服畏难情绪，鼓励他写出自己的理解即可；对于短如兔子尾巴的作文，我亲自示范把句子变长的"魔法"……直至暮色织上西天，我们才发觉这算是又溜走了一日。

校门外的马路，已是华灯初上。我们在路灯下挥手告别，看着他开心地跑向奶奶，身后的书包一甩一甩的。坐在河边石凳上的奶奶，这时也会用地道的宁波话向我致谢："辛苦俞老师，为了这小歪每天这么晚。"但最让我开心的是，奶奶也不再拘泥于自身偏激的认知，有事没事总会向同班家长探讨教育孩子的心得，积极地参加德育小组的活动，在一群年轻的父母中显得丝毫不违和。

期末公布成绩的时候，晓伟居然拿了个"合格"，一个从入学以来一直徘徊在"待合格"边缘的孩子，终于有了一次扬眉吐气的机会。在期末领取"进步生"奖状的时候，晓伟却没有来。原来晓伟因为得了肺炎，只得请假了。望着晓伟的座位，我心里空落落的。这张奖状晓伟期盼了很久，他是多想在同学们的注视中也上台领一次奖，这是他一学期辛苦奋斗的见证。如果这张奖状只是悄无声息地让同学帮他捎回家，总感觉少了点什么。

于是我电话联系了家委会主任航妈以及德育组长森妈，邀请她们一起上门给晓伟举行一次简短的颁奖仪式。两位家长毫不犹豫地答应了。

下午，久晴的冬日竟雨雪霏霏。我们一行三人从学校出发，直奔晓伟居住的小区。沿着黑黢黢的楼道，我们敲开了晓伟家的大门。开门的是他奶奶，她赶紧让我们进了里屋。看到我们的到来，晓伟显得有些局促不安，扭扭捏捏地不知该如何招呼我们。

"晓伟，祝贺你！这个学期的进步非常明显，荣获了进步奖。老师看到你今天没来，于是约了两位同学妈妈来给你上门颁奖。"森妈忙打开手机播放了《万宝路进行曲》，氛围感立马拉满。我上前就把红灿灿的奖状递了过去。航妈把事先准备的新年礼物——《如果历史是一群喵》塞到了他的怀里，对于这套书他垂涎已久，为了瞄上一眼，常常在其他同学身边驻足。晓伟手捧奖状，向我深深鞠了一躬。

"投之以木瓜，报之以琼琚。"晓伟同学还递给我一团餐巾纸，因为攥着时间太久，已经变得略有潮湿。一旁的奶奶赶紧介绍："俞老师，听说你要来，晓伟特意给你剥了花生。"打开一看，一颗颗洁白如玉的花生米呈现在我眼前，估计剥了不少时间，放一粒在嘴里一嚼，甜滋滋咸津津的。

获奖是一件很荣耀的事情，颁奖更是一件神圣仪式，在热烈的掌声中我们完成了一次特别的颁奖仪式。一张奖状，更赋予了不一般的象征意义。晓伟将奖状隆重地贴在客厅的墙壁上，让每一个见到的人都深受感染，来记录那段通过自己努力与"奖"结缘的日子。

奖励的价值已经溢出颁奖仪式，成为一种空气弥漫在斗室中，让晓伟随时呼吸到这种永不服输的气息。

🖤 合力：唤醒"刺猬男孩"的内驱力

内驱力直接影响一个人的精神和行动，在一个人一生中起着核心和灵魂作用。有内驱力的人能感受到内心的崛起，在心灵中，在行动中，塑造完整的生命内核。也可以说，内驱力醒来并持续燃烧的时候，才是人生真正的开始。

一

培训一结束我就匆匆赶回学校，刚走进办公室数学老师就揪着小陶同学气呼呼地跑来告状："俞老师，你们班的小陶，太不像话。上课总爱顶嘴，让他好好做作业又不做，我都快被他气死了。"一向温文尔雅的王老师今天竟也发火了。她虽是一个年轻的教师，但涵养极好，从未见她有如此情绪失控的状态。一个教师被学生当众顶撞，拂了面子，这的确是件尴尬的事。

"王老师，小陶今天又怎么惹你生气了？"

"他啊，我让学生准备一本错题本。他竟告诉我没钱买，还说他哪有时间做。这不存心和我作对吗？这样的事已经好几回了，故意和我抬杠，想惹同学们发笑。"一想到小陶同学林林总总的"劣迹"，王老师的脸不由涨得通红，像扫机关枪似的表达内心积蓄已久的情绪。而身后人高马大的小陶，却斜着眼睛，满脸的不屑，嘴一撇一撇的，似乎在抗议。我突然想到副导和我说的一句话："小陶怎么像只刺猬，一句话都说不着。"

"你看，你看——就是这副德性。"

"王老师您先消消气，等会儿我会和他沟通的。青春期的孩子，说话是有点不知轻重。"我赶紧打圆场，把数学老师劝离了办公室。

小陶是这学期刚转学来的，敦厚的身材，黝黑的皮肤，头上的头发就和刺猬的刺一般，一根根竖着。一张小嘴整日不得闲，但一写作业就成了"不在服务区"。在家，他也是一个不省心的主，听他妈妈说常常会因为针头线脑的小事和妹妹闹矛盾，让他谦让点，却总说"凭什么我要让她"。想到这里，我心中慢慢有了主意。

当孩子表现不当，与教师产生争执并且情绪激动时，我们彼此之间都需要一个冷静期。通过积极的暂停，让自己冷静下来，等到能接通你的"理性大脑"，以避免你用"爬行动物脑"去解决冲突。不要只考虑让孩子去做一会儿"暂停"，教师同样也需要。在每个人都能足够冷静到接通理性大脑之前，是无法专注于讨论问题的解决方案的。

"来，昨天试卷改得太晚还没来得及算分，你帮老师一起把分数算一下。"我指了指桌上的一叠试卷，他杵在那里没动。"来，我一个人来不及。"我又补了一句，说着把其中一部分试卷塞到了他手中，他略一迟疑，也拿起红笔有模有样地帮我算分。

当我们把全班成绩登记好后，时间又溜走了半小时。原本气鼓鼓的他也平静了不少。我打开了话匣子："小陶，今天和王老师发生了什么事？"处理任课教师与学生的矛盾时，最好不要问"你为什么和老师产生冲突"，这句话有责备的成分，很容易引起学生的反感，产生一种被询问、被窥探、被剖析的感觉，从而产生抵触的情绪。

"我嘛……就说没钱买本子。"

"你觉得王老师生气的原因是什么？"

"让她在学生面前丢了面子。"

"你是故意顶撞她的吗？"

"那倒没有，我只是觉得好玩，随口说说。"

"那你说这话，是不是有不想做'错题积累'因素在？"他很实诚地点了点头。

"那我们得思考'错题积累'这项作业有什么作用？数学是一门思维性很强的功课，它注重知识点的前后连贯，有了'错题积累'可以帮助我们很好地查漏补缺。你是不是觉得抄题目有些太麻烦？"他又一次实诚地点了点头。

"到时候可以让你妈妈赞助买一台'喵喵机'，只需拍照就能打印出所需的题目，让你能省出时间梳理错题，又能减轻抄题的烦恼。"我知道他需要积累的错题肯定不在少数。

"好的，俞老师。我可以用压岁钱买的。"他显得很开心。

"你看你的本意是想减轻抄题的辛苦，可以在私下场合向老师提建议。今天被你一闹，王老师和你都不开心，违背了你的初衷。下次这种无厘头的话尽量少说，或者想一想再说。""俞老师，我知道了。"他一边搔着头发，一边露出了羞涩的表情。

"那好，你先回去上课。等会，你能不能向王老师道个歉。如果觉得当面说有点失面子，你可以给王老师写个小纸条。我这里有粉色的便笺纸，你需要吗？""嗯……谢谢老师。"他接过纸一溜烟地跑开了。

当发现一个孩子行为不当时，我们首先要做的不是纠正他的行为，而是识别其行为背后的真实动机。应该把孩子的错误行为看成一个密码，并且问自己："他真正想告诉我的是什么？"

二

已经不止一个老师向我反馈，新来的小陶简直就是一只刺猬，如何让他收起尖刺呢？每一个孩子生来都在寻找归属感和心理认同。当一个孩子表现出不良行为时，多半是因为他在寻求归属感和认同感的过程中遭受了挫折，丧失了信心。

小陶来自一个二孩家庭，他是家中的老大，有一个与之相差六岁的妹妹。我在与他妈妈的交流中发现，作为一个五年级的孩子，但凡妹妹添置了新玩具，他也必须等价买一个，倘若发生争吵也不肯退让半分，甚至还嚷着父母偏心。

心理学家研究表明，二孩家庭中最令大孩难以接受的是随着二孩的来临，父母关注重心的转移，因此产生嫉妒甚至报复心理，有的可能会恨父母，也有的可能将仇恨转向小的孩子。在行为上，也会表现出焦虑退缩。为了引起父母的注意力，经常会出现与父母对抗的现象，表现为逆反心理。从小陶的不少表现可以看出，他的种种行为与家庭有着千丝万缕的联系。

这样的问题肯定存在于不少二孩家庭中，我何不进行同质分组，请二孩家庭聚在一起聊一聊，探讨一些共性的问题。于是在一个风和日丽的周末，我邀请班上的几户二孩家庭进行了一次户外烧烤。金风送爽、天高云淡，孩子们与父母一起搭帐篷、放风筝体验久违的亲子时光。安顿好之后，我把家长们聚在一起聊聊二孩家庭的那些事，如何给予两个孩子平等的爱？如何让大宝参与到二宝的成长历程中？爸爸如何在家庭中发挥稳定情绪的作用？……淳楷妈妈更是现身说法，现场传授了几招缓解二孩矛盾的妙招。

我也和小陶妈妈进行了深入交流，重点聚焦在唤醒孩子的内驱力上。我给出了三点建议：①正值青春期的孩子，会表现得更逆反。对于他，父母在沟通时应该多从他的角度考虑，给他适当的帮助，让孩子从中获得信心，激发出前所未有的力量。②给孩子平等的爱，他作为家中的长子，是父母心中最重要的人之一。③做好思想引导，不能因为他是老大就过分苛责，争取不骂孩子，他并不是听不进父母的话，而是因为听多了父母太多的责怪、训斥，他为了保护自己不受伤害，只好堵上自己的耳朵，降低自己的自尊，编织锋利的尖刺来保护自己。直白地说出对孩子的爱，照顾老大的情绪最关键的还是要用孩子能懂的方式去表达爱。

我们聊到夕阳西下才散去，今天的聚会不光交流了育人的心得，更让纠缠于鸡毛蒜皮的二孩家庭找到了组织，通过吐槽释放心中的负能量。和青春期的大孩子不能比任性，只能比成熟，不能比冲动，只能比镇定。亲子关系不是博弈，无谓输赢，成长才是硬道理。

三

对于缺乏自信心、没有方向感的孩子，想让他产生成长的内驱力，我们需要做的是给他恰如其分的帮助，引导他付出一些努力，体验到"我能行"的滋味，获得积极的、正向的心理体验。

于是，我有意无意地喜欢差遣小陶同学做点"杂事"，让他帮着我去文印室取资料，请他护送生病的孩子到传达室等待家长来接，让他在课前帮老师打开投影……他愿意为大家做事的意愿越来越强烈。英语老师见了我，也打趣道："在你的感化下，小陶同学看人的眼神都变得柔和了。"是啊，当他心中有爱，眼中有人，做任何事自然都会带上情感，变得细腻。

我充分发挥团队育人的作用，厚着脸皮央求科学老师让他做实验演示的小助理，用小陶手中的纸片来了解摩擦起电的原理，用他张开的手臂来演绎天平。我感谢数学老师对小陶的循循善诱、无比宽容，强调在她的引导下小陶变得越来越阳光了。我将窗台上的"多肉农场"承包给他，看着他利用下课时间向音乐老师讨教种植秘诀……他变得越来越忙碌，忙碌地感受到集体与他人对他的需要，他也在南瓜屋中找到了自身的价值。慢慢地，黑板上出现他学号的次数越来越少，他也能跟上同学们的节奏，赛场上一起为集体的荣誉奋力拼搏，课堂中与同学们友好地学习。

一日，德育小组带着孩子们参观宁波美术馆，小陶同学痴痴地望着一幅幅画，眼中熠熠生光，流露出惊羡和向往。

"小陶，你也办个画展吧？"我知道他从二年级开始就学习素描，他在教师节还送了我一张亲手绘制的彩铅肖像画，形似和神似兼备。

他摇摇头，露出痴痴的笑容："老师，我不行的。"

"没试过怎么知道自己不行，先做起来再说。回家后你把自己这么多年画的画整理一下，办个画展绰绰有余。"我的话给他吃了一颗定心丸。

小陶果真带来了厚厚一叠画稿，有静物素描、人物临摹，还有彩铅植物，我从中挑选了十几张，建议他按照主题来展现他学画的历程。

那么画展在哪儿办呢？我怂恿他把地点放在班级门口的走廊上，让更多人知道原来小画家就在自己的身边。孩子的画展从某种意义上来讲更具艺术性，想象力丰富、视角独特、用色戏剧性、构图大胆、目的纯粹。寻找展示架、营造氛围、设计主题词……很快，一场专属于小陶的画展——"色绘陶然"绘画作品展在教室门口的一方天地中展出，引得其他班路过的孩子纷纷驻足欣赏，有的甚至把头探进窗里，来一睹小画家的"庐山真面目"。

小陶也自得其乐，无论在学习上还是在生活中仿佛变了一个人。在关键时刻帮助孩子，给孩子创造相信自己能力的机会，就能让孩子真真切切地意识到，他拥有让自己变好的力量！我们把这个过程叫作精神崛起。

同频：我和孩子一起去"追星"

班上有个女孩叫诗诗，长得与我比肩，有着一张永远整不干净的课桌，桌洞里有什么常常地上就有什么。她的作业如果老师不是百般催讨，永远是交不上来的，往往到了临放学她才着急忙慌从书包里掏出作业开始狂补，那字更是龙飞凤舞，让人不敢恭维。

一天中午，学生都各自低头做作业。我经过她的课桌时，发现她手忙脚乱地想掩饰些什么。我用眼一瞅，在凌乱的作业本中发现了几张五光十色的贴纸。我取过来端详，原来是王鹤棣。一旁的学生脸上都浮现出戏谑的笑意，同桌干脆把她的语文书递过来："俞老师，她的语文书上全是'王鹤棣'。"翻开书一看，在课本的扉页上密密麻麻地写满了各种声援王鹤棣的话语。"没想到你还是王鹤棣的铁粉啊！"我笑着说，她抬起头怔怔地看着我，脸色潮红，不好意思地点点头。

"上次王鹤棣来天一广场做宣传，诗诗因为要上课没去现场应援，难过了好几天。"这是诗诗的好朋友佳琪的声音。"你乱说！"诗诗愤怒得眼中已经能喷射火焰了。

我把诗诗的语文书郑重地合拢，连带着卡片一起递给了她。"老师的学生时代也迷过不少明星。那时候特别流行小虎队，每个周末我是一边听着《青苹果乐园》一边做作业。"45双眼睛齐刷刷地盯着我，估计都在脑补班主任迷恋明星的画面。

在作业面批的时候，我忍不住问诗诗喜欢王鹤棣的原因。诗诗略一迟疑，回答道："他在节目中非常幽默，是个'显眼包'，我和同学们常常聊。"听到这里我不由陷入了沉思：追星是孩子寄托希望的一种表现形式。并不出色的成绩及外表，让她内心失去平衡，思想上失去认同感和归属感，她希望通过"王鹤棣"和同学们建立联结，有共同聊天的话题。她收集明星的周边，在课本上书写声援的话语，其实是为了排解她内心的孤独，同时从明星身上看到自我实现的希望。我何不以此来进行正面引导呢？我联系了一位朋友，他在王鹤棣代言的品牌商工作，以一顿龙虾的代价拿到了一张王鹤棣的签名照，在批阅家校联系册时将照片夹了进去，并附上简短的话语：不是科班出身的王鹤棣，曾经因为唱歌跑调，演技拙劣被人诟病。现在能受到大家的认同，完全靠的是自身的努力。所以只要肯用心，一切皆有可能。落款则为南瓜老师。

放学前，诗诗收到的夹带私货的家校联系册，看到"礼物"，诗诗惊讶地快要叫出声来，她向我投来感激的目光并不住点头。从此，师生间的交流渐渐多了，我发现她的字迹渐渐变得端正了，作业本都能按时出现在讲台上，她也变得活泼起来。

崇拜自己心目中的偶像似乎是我们每个人都有的经历，我们正好可以利用学生的追星行为引导他们学习明星的积极、上进、刻苦、努力，让他们相信所有的成功背后，都曾付出努力，都有一个心酸的历程。

于是，我们在一次班会课上进行了一次问卷调查，请同学们聊聊自己最喜欢的明星以及喜欢的理由。教室里顿时热火朝天，"00后"的孩子比较直率，都兴致盎然地分享了自己的崇拜偶像。我适机引导道："我知道大家肯定不仅仅是因为长相俊朗而喜欢自己的偶像，打动你的肯定有其他另一种特质，否则就显得你的欣赏水平比较肤浅。本周布置一项作业，请同学们去找一找偶像成长历程中的故事，把它记录在本周的周记本中。"

经过两天的收集整理，他们将自己的感受流诸于笔端，同学们从关注明星的外形转而关注他们的成长故事，进而躬身自省，找到激励自身的潜质。

在周记中，孩子们都意识到对学生而言不应盲目地追星，要摒弃狭隘的心态，善于从自己所崇拜的偶像身上汲取积极的人生经验。就学习而言，该学习的时候就要认真去学，追星的那股劲儿要转变成对学习的执着，不要一曝十寒，虎头蛇尾。

后来，我要求学生将关注点拓展延伸到"感动中国"，将《感动中国》节目中的部分人物的事迹收集起来，张贴在门口的板报中。让孩子们从思想上有一次更高层次的飞跃，让追星成为品位提升的良机。

这时学校要进行教室的美化评比，看着面积较大的荣誉墙，我对学生们说："一个班级是由学生和教师共同组成的，所以我们在荣誉墙上不仅要贴上学生的荣誉，还要贴上教师的荣誉，相互影响，共同提高。"大家听了纷纷鼓起掌来。

但是在收集教师荣誉的时候，遇到了一个小麻烦。副导赵老师提醒我："我们都是老教师了，各类荣誉或多或少都是有的。但是我们班的科学老师，她刚毕业不久，没有什么荣誉可以上墙的。万一没有，学生会不会有想法？"

作为一个整体，没有科学老师的荣誉肯定会留下遗憾。虽然她没有从教生涯的荣誉，但学习生涯中肯定有的，再不济写上自己的教育理念，和学生共成长也是可以的。我把我的想法和科学老师进行了沟通，得到了她的认同。晚上她拍了一堆的荣誉证书给我，我从中挑选出大学时期的奖学金证书以及社会实践优秀的证书。

几天后，教师们的荣誉一上墙顿时吸引了学生驻足观看，他们饶有兴趣地阅读荣誉证书上的文字，并连声称赞：

"哇，我们的班主任是浙江省春蚕奖的获得者！"

"英语赵老师是宁波市的教坛新秀呢！"

"数学老师是优秀教师啊！"

于是他们谈论的话题变了，不再是某某明星又在哪儿开演唱会，某某明星又出了一张新的专辑，而是某某老师真厉害，谁谁又获奖了……我要向老师学习。教师的荣誉上墙赛过说教，环境能熏陶人感染人，榜样的力量是无穷的，能让学生亲其师而信其道，见贤思齐焉。

"模仿法"是建立在社会学习理论上的一种咨询治疗方法，一般适用于年轻人。影响模仿力的一个重要因素是年龄，通常认为学龄期是模仿能力最强的年龄段，因此从这一层面讲，学生"追星"是有其生物性的原因，也似乎是完全可以理解的。

　　关键我们要告诉学生：如果你想成为最优秀的企业家，就必须把企业界的成功人士当成榜样，了解他们百折不回、永不言弃的胸襟格局；如果想做科学家，就应该把古今中外的科学家当作标杆，学习他们一丝不苟、不计名利的务实态度；如果想成为周杰伦那样的影视歌明星，就要有失去童年快乐的勇气。

　　我们还要帮学生分析，他们跟榜样相比，自己有什么弱势、优势，拥有怎样的机会，又面临怎样的挑战等。当学生做过这些分析后，"追星"就不会流于形式、过于盲目，不会仅仅停留在明星们光环笼罩的表面，而会一边欣赏一边寻找内心的自我。

惩罚：酸溜溜的柠檬

一

"俞老师，郝硕又在音乐课上嗑瓜子！""他已经是第二次在课堂上吃零食了！"我还没走进教室，就被铺天盖地的举报声所包围，声音中充满着难以抑制的义愤填膺。

我的思绪又回到若干天前的早读。教室里回荡着同学们的朗朗读书声，而我也专心致志地批改着同学们上交的家庭作业。

这时一股诱人的烤串味直冲鼻翼，继而教室里炸开了锅。"俞老师，郝硕在吃里脊肉！""诺，就在他的课桌里。"……学生纷纷陈述郝同学的种种实证。

我赶紧走了过去。"怎么会想到吃东西的？"

"老师，这是我还未吃完的早餐。"他赶紧辩解，"早上来不及吃"。

实在太诱人。一股浓浓的焦香味飘散在空中，让人不由念想到"外酥里嫩""紧实鲜滑"。一个成年人都无法抵挡诱惑，何况一个饥肠辘辘的孩子。

我也没有过多的苛责，用手揉了揉他的小脑袋，让他到办公室将没有吃完的早餐去消灭掉，只是提出下次如果再有人在课堂上吃零食，老师就请他吃柠檬了。孩子们纷纷点头，表示认同。

那么今天的举动是因为什么呢？

我把征询的目光投向了当事人。他不敢与我犀利的目光对视，耷拉着脑袋。

"说说原因吧？"

"俞老师，我的兜里藏了几颗瓜子，上音乐课的时候我没有忍住，所以……"

当一个孩子将情志用在吃上时，他哪还有心情关注知识的获得，整堂课估计都沉浸在"猫和老鼠"的游戏中，全程狡黠地盯着老师的一举一动，考虑自己是否被发现。而且一个孩子吃零食，满室生香，必将周围的一圈人搞得虎视眈眈、垂涎欲滴。不准吃零食的班规每个学生都心知肚明，但执行起来就是难，归根到底还是自控力的问题。我不由想起了心理学上的一个实验。

美国斯坦福大学心理学教授沃尔特·米歇尔曾进行过一个著名的"延迟满足"实验，也叫"糖果实验"，内容是这样的：在一个只有一张桌子和一把椅子的小房间里，研究者在桌子上的托盘里放一些孩子爱吃的东西——棉花糖、曲奇或是饼干棒。如果这些幼儿能等到研究者回来不吃糖果，他们就可以再得到一颗糖果作为奖励。结果，大多数的孩子坚持不到3分钟就放弃了，只有大约三分之一的孩子成功控制住了自己对糖果的欲望。

后来，米歇尔对当年参与实验的600多个孩子进行跟踪调查，发现这些孩子长大成年后，与那些没有克制住欲望吃掉糖果的孩子相比，控制住对糖果欲望的孩子不管在学业成绩、人际交往还是社会适应方面都取得了更好的成就。可见延迟满足，不仅是个心理学的词汇，而且是让孩子甘愿为更有价值的长远结果而放弃即时满足的抉择取向，它的发展是个体完成各种任务、协调人际关系、成功适应自然的必要条件。在米歇尔看来，糖果实验对参加者的未来有很强的预测性，即"他得到的不仅仅是棉花糖"。

"孩子，咱们有言在先，因为你已经是第二次在课堂上吃零食了。因此，我们只能按照约定的方法惩罚你。"说着，我让学生从办公室取来了事先购买的柠檬，当着全班学生的面，切了略薄的一片。

在全班同学的注视下，他坦然地接受了惩罚，拿着鲜柠檬狠狠咬了一口，那酸涩的味道，估计是一辈子也不会忘记，挤出来的笑容也酸味上头。事后他在周记里留下了这么一段文字。

天啊，太酸了。天底下竟然有柠檬这东西，我感觉像被电流击中一般，浑身上下都能酸出泪来。整张嘴都麻掉了，我为自己的嘴馋默默地哀悼。

二

步入青春期的男孩子，浑身上下总散发着荷尔蒙的气息。拳头往往走在思维的前面，一言不合一场"大战"就触发了。

这不，两座"小火山"被同学扭送了过来。

一个脸上挂彩，一条鲜红的指甲印赫然在目，眼眶里几乎可以冒出火焰。

另一个将头别到一边，宽阔的胸脯随着急促的呼吸声，不停地上下起伏。

望着这两个势不两立的"男子汉"，我一言不发，顺势搬来一把凳子，严厉地说道："你们的事等我把作业批改完再处理。打架肯定要惩罚，现在你们俩都给我站到凳子上去，谁掉下来我就先惩罚谁！"

师命不敢违，尽管俩人面面相觑，也只好讪讪地往凳子上站。小小的一把凳子几乎不能同时容纳两个"男子汉"。深宇站上去又被挤下来，挤下来又站上去，如此循环往复。先站一步的智荣向他伸出了援助之手，把他拉了上去，俩人忍不住相视一笑，敌视的气氛顿时冰消瓦解。

因为凳子实在太小，两个男子汉只能紧紧拥抱在一起。周围的同学已经笑作一团，二人也在笑声中时上时下。

约莫过了十来分钟，我扭头问道："来，下来吧，说说打架原因吧，注意一个人说的时候另一个不能插嘴，你可以在待会陈述的时候辩驳。"

事情的原委无非是深宇同学拍了智荣的肩，而后一个觉得自己是开玩笑，另一个觉得对方在打自己，在争论中上升为肢体冲突。

"你们看，原本是一桩小事，但是激化成了一件流血事件。这样的结果，肯定也是你们不愿看见的。在整个事件中，你们有过理智的时刻吗？可有觉得自己有点吃亏，或者旁边有同学围观抹不下面子，所以就硬扛到底了。现在回过头复盘整件事，你们觉得打架有胜利者吗？"

被我洞穿了心思，两个"男子汉"都不好意思低下了头。

"打架是最没素养的体现，人之所以区别于动物，是人能够用语言进行沟通，来解决问题。我想女生心目中的男子汉，应该儒雅睿智、果敢有为，她们肯定不喜欢莽撞的冒失鬼。既然如此，大家都既往不咎，现在当着全班同学们的面和好吧。"

因为有了前面的一段小插曲，两个男子汉点头答应，冰释前嫌。

男孩子的冲突很大程度缘于冲动，给他们一个冷静的时间，尝试减压，学会从多角度去看待问题，往往会避免矛盾的激化。看似惩罚的"拥抱"，以肢体的接触带来了彼此的反思，将那根隐形的刺随着事件的翻篇而彻底拔除。

三

"气死我了。不知道和小哲说了多少遍，上音乐课别忘记带竖笛，可他每次都忘记。批评他，还不服气！"刚下课，音乐老师就跑到我的座位来告状。

我赶紧安慰她，顺手把桌上刚点的一杯咖啡递给了她。"您先别生气，我保证下次决不会让他忘记。"目送音乐老师离去，我赶紧走进了教室。

望着后面整整齐齐的书包柜，因为少了一把竖笛，像缺了颗门牙的嘴总显得不太美观。再看看当事人，一副若无其事的样子，照样谈笑风生。

我开门见山："小哲，音乐老师提醒了你多次别忘带竖笛，今天怎么又忘记了？"他一时语塞。

"是不是不喜欢上竖笛课，故意忘记的？"

"没有，没有……"他慌忙解释。

"每个学生都需要掌握一门器乐，四年级要求掌握竖笛演奏，你可不能落后呀。"他不好意思地点点头。我猜测他估计不想吹竖笛，借口说忘带。为了避免他再次"丢三落四"，我拍拍他的肩："老师有件事想麻烦你，可以吗？"他更是丈二和尚摸不着头脑，不知我的葫芦里卖的是什么药。

"我发现同学们的竖笛都有点脏了，能不能麻烦你帮大家擦一擦？"

他如释重负，露出灿烂的笑容："好的，老师。"

于是下课期间，小哲一遍又一遍用布擦拭竖笛，一遍又一遍地在心中重复两字"竖笛""竖笛""竖笛"……劳动结束，我特意在教室对他进行了表扬，让同学们用掌声表达对小哲的谢意。

第二天，那个缺颗门牙似的书包柜终于等来了第45把竖笛，竖笛大家庭迎来大团聚了。我也悄悄联系了音乐老师，希望能给小哲在课堂上独立演奏竖笛的机会。

著名教育家马卡连柯曾说过"没有惩戒的教育是不完整的教育"。因有惩戒人才会心生敬畏，才能自觉约束自我，不做出格越轨之事。古语说："凡善怕者，必身有所正，言有所规，纠有所止，偶有逾矩，亦不出大格。"

校园之外没有温室，长大之后没有儿戏。外面的世界，不会轻易原谅那些无法无天的孩子！只用表扬和哄去教育孩子，期望单纯用感化去教育问题学生，只是"鸡汤大师们"的一厢情愿。因此，如果孩子可以随意挑战秩序而没有任何惩戒，家长和老师只能说服，只能作所谓的"思想工作"，那这种教育制度是不是有效的呢？

没有惩罚的教育，是一种虚弱的教育、脆弱的教育，是一种隔靴搔痒的教育、不负责任的教育。

沟通：云中谁寄锦书来

对于信的认知，始于儿时。

那是在一个静谧的午后，外公往往会在窗前的小板桌上给在上海、无锡的舅舅们写信，注墨铺纸、提笔写字，向两位舅舅描述家中的近况，遇到的困难常常一笔带过，更多的是温情的叮咛、温暖的鼓励。从写信到搁笔封信，常常要花大半个下午，遇到斟酌处，外公更会沉思许久。如今外公虽已辞世多年，但两位舅舅回忆起那段时光总是唏嘘不已，感恩父亲在精神贫瘠的时期给予的指点与鞭策。

写信与收信是一件多么美好的事情，这世上最美好的非文字莫属了吧，相隔千万里用薄薄的纸片承载那么深厚的情感。

木心在《从前慢》中说："从前书信很慢，车马很远，一生只够爱一个人。"而现在万物都很快，快得再难保持那颗平和之心，追求立竿见影的功效，一切以效益至上，而忽略了"使卵石臻于完美的，不是锤的打击而是水的且歌且舞"。

六年级的孩子已经处于青春叛逆期，苍白的说教往往起不了多大的作用，疾风暴雨的指责更会招致反感，有时候想要挤出半小时甚至一小时的聊天时间还真有点困难。时间、地点、语气、内容都需要细细推敲，有时没有把握好分寸，沟通反而适得其反，容易点燃矛盾的火药桶，有时谈得刚有点起色却被杂事所扰不得不偃旗息鼓，只得改日再谈。

书信和纸条就不一样。在这碎片化的信息时代，"云中谁寄锦书来"，大有一种瞬间穿越的感觉，纸短情长，让学生在字里行间体悟教师的拳拳爱意。而且文字有语言所不具有的特点，它深邃而质朴，让平日难以启齿的情愫在叙述中娓娓道来，丝毫不矫情。而且写信时，内心是平和宁静，一字一句慢慢推敲，减少了词不达意的言语冲动，在字斟句酌间营造了良好的沟通氛围。

语言来也匆匆去也匆匆，但文字不会，即使忘记了，或者想再一次去重温，可以再次打开文字记载的书信，那样的感觉，是任何语言都给不了的。它是师生间情感的物化见证，不同时间、不同心境下阅读，都能带给学生不同感受。这是专属于师生间一对一的交流，属于共同的美好记忆。

一封信，一张字条，传递给孩子最明确的信息：我真的在乎你。

写信时最需要的是真心真情，不然写出来自己都觉得索然无味，更遑论学生读了后作何感想。写信是需要日积月累的观察与朝夕相处的了解才能下笔千言，不然充其量只能算是浮光掠影，激不起半点心湖的涟漪。写信时需要梳理头绪重新审视对方和自己，不然只能干巴说教和指手画脚。写信需要最平静的心情和最热切的期待，不然只能盛气凌人和味同嚼蜡。

第一封信是写给班上的博，这是一个来自离异家庭的孩子。接班的时候还能偶尔交些作业，到了六年级则干脆不写作业，稍微批评两句就拧着脖子，苦大仇深地怒视老师。上课开讲还没 5 分钟，他已趴在桌上沉沉睡去。利用课间时间和学生谈心，学生充耳不闻，心里盼着早点结束谈话；私下联系家长，希望能够家校合力改变孩子厌学的情绪，博爸一句"我最近很忙"让人无语……我知道对于一个缺少安全感、习得性无助的孩子，我们除了等待似乎别无良方。

"教育就是一棵树摇动一棵树，一朵云推动一朵云，一个灵魂唤醒另一个灵魂"，教育在于回归，我们从小接受的教育，都是在做储备，为了有朝一日我们可以醒悟，自己开启自我的成长教育。

小博：

窗外月明星稀，楼下蛙鸣声声，此时的你是否已经酣然入睡？老师突然想起你，想起你的近况，于是就有了用笔和你交流的冲动！

你是有个性的男子汉。上次调换座位，望着同学遗留下的纸屑，你蹭地站起来二话不说就拿着扫帚打扫，老师嘴上没说，心里却暗自为你叫好。上次我们去厨艺工坊上课，你熟练地展示你的厨艺，炒的蛋嫩滑可口受到了同学们的一致好评……这些都展示了你良好的素养。老师从来没有怀疑过你的能力，每次上课提问我都忍不住用眼睛的余光偷偷地瞟你，希望我们的博也能举起手来。每次批改作业，我其实最想见到的是你的作业，晚一点没关系，没做完也可以，作业是衡量我们掌握知识的一个手段，找出学习的薄弱点。

有时看到你在课堂上打瞌睡，我是既心疼又难过。打瞌睡说明你昨晚没有休息好，长此以往肯定影响身体。难过，是因为曾寄予希望的你现在却呈现出摆烂的心态，这可不该是一个六年级学生所具有的。

只要开始永远都不晚，一个人最不该放弃的是对自己的希望。失败是成功之母，现在的一次次失败更是将来一次次成功的基础，我希望你能在挫折中奋起，在拼搏中重生。

屈指算来，离毕业考只有37天了。老师相信，凭你目前的资质，再加37个工作日的不懈努力，掂掂脚后跟，你完全有能力成为更好的自己。给自己一个准确的定位：我是一颗被狂风刮到地上的种子，只要努力地生根发芽，才能在将来的某一天直指苍穹！

和同学们一起奔跑吧，老师对你有信心！

南瓜老师

河汉清浅，却阻断了牛郎织女，好在有鹊桥飞架；师生一场本是缘分，却偏偏因沟通不畅而生出嫌隙，好在还有锦书传递。

总有一条路，能走进学生的心。

苏霍姆林斯基曾说过："在每个孩子心中最隐秘的一角，都有一根独特的琴弦，拨动它就会发出特有的声响，要使孩子的心同我讲的话产生共鸣，自身就需要同孩子的心弦对准音调。"因此，写信要找准适合的契机。当学生生日时，你写一封情真意切的祝福信；当学生做了一件很出彩的事时，你写一封充盈着赞美之词的信；当学生因事受到打击时，你写一封饱含同理心的信；当学生某方面表现太不理想时，你写一封真诚劝诫的信……让每一个关键的时间节点，成为孩子拔节而生的成长点，没有苦心孤诣，没有刀斫斧凿，只需要一词一句如林间的鸟鸣，婉转而随性。

那么在信中可以写一写孩子的闪光点。也许字写得特别好，也许劳动方面很出色，也许舞跳得很棒，也许画画得很好……独一无二的孩子，独一无二的性情特点，总有一处能打动你。我们要有一双发现美的眼睛，进行适当的夸耀。对于缺点，有针对性地为其提供建设性意见，给其善意提醒，让孩子感到你在真诚地关心他而不是指责他，这样他更愿意听你的建议。给孩子写信，并不是只谈孩子，也要谈谈自己，不然怎么拉近关系呢？你可以谈自己的读书心得，或给学生推荐最近看过的一本好书；也谈自己对时间的管理，有计划地做事，分清主次，效率更高；还谈自己的美食教程，旅行见闻，分享个人感受；更谈学习方法，订立目标，任务量化，循序渐进……信里无他，只是爱。

在给学生写信时要注意什么？①注意称呼。在信中，为与学生拉近关系，称呼要亲切，可以直接喊学生名字。如果你还知道孩子的小名乳名，一定会让他惊喜的。②署名可以稍微有点创意，我一般写"你的大朋友"或"南瓜老师"。很多孩子在给我回信时，仿照我的署名，他们落款是"你的小朋友""你可爱的朋友"。在信中，师生不用过分毕恭毕敬，让孩子大胆放开写，距离自然会拉近。③手写更显情真。一封手写信，饱含老师的爱意叮咛，那流溢出的墨香经久不散，仅这形式就比苦口婆心的说教更让人着迷。随时拿起笔来就是教育，自自然然。

此时，这已不是书信，而是对岁月的记录。

童年撒下的一把沙，得以长成治愈的海，这不是魔术而是爱。

第四辑

好家长是这么炼成的

　　于教师而言，真正的志同道合者存在于家长中。教师带的不是一个班，而是两个，一个是学生班，一个是家长班。

　　智慧的父母用望远镜看孩子的未来。如何做智慧的父母？这是一个需要不断修行的课程。德育导师通过家校社协同育人，让更多的父母智慧地引导孩子成长，从而让孩子成为一个幸福的人。

同行：开在心坎里的家长会

曾几何时，家长会逐渐固化成一个固定的模式：教师在台上慷慨激昂，义愤填膺，一副恨铁不成钢的模样，家长要么坐在台下噤若寒蝉，大气也不敢喘，要么表情呆滞，低头拨弄着手机，只恨时光走得太磨蹭……从家长角度而言，每学期的家长会从心底而言，又有多少期待呢？

前段日子，我同办公室的老师也私下诉苦道："这家长会到底有啥好开的呢？每年说来说去就那么几句话，尽管费尽口舌可家长还是'涛声依旧'，不愠不火，简直是在做无用功。"的确，次次都是老调重弹，回回都是陈词滥调，我想能有几位家长会洗耳恭听？他们能安静地坐在座位上听老师讲完早已烂熟于胸的"废话"，无非是迫于教师的"权威"，顾忌自己的表现会给教师留下极差的印象，甚至影响自己孩子在教师心目中的形象。

鉴于此，我在开家长会前三周，将记录 35 个亲子心理案例的《孩子可以这样教》的教育书籍下发给每个家长，要求每个家长抽出时间进行阅读，并完成一篇不少于 500 字的读后感。你可以针对书中的观点并结合自身的事例来谈谈读后的收获，也可以摘录其中对自己有帮助的只言片语，展现自己在阅读中的思考过程。这本书发下后，自有捧着书如饥似渴阅读的家长，肯定也有收到书随手一搁，置之高阁的家长。但我并不心焦，趁着晨会课聊天的机会，我旁敲侧击从孩子口中了解他们父母的阅读情况。对那些用心阅读的家长，对其孩子进行了夸奖；而对那些不肯阅读的家长，对其孩子提出自己的要求，希望他回去多多督促自家的父母，就如家长督促他们做作业一样尽职。

有了这一番谈话，第二天的微信朋友圈中渐渐出现了父母们阅读

《孩子可以这样教》的简讯，尽管有些是在抱怨，但我觉得他们至少有了反映，没有什么比唤醒一个假装沉睡的人更难的。

为了对这份阅读的激情进行鼓励，我特意定制了一批镌刻"2016年度南瓜屋家长读书会优胜奖"的奖牌。一收到货，我立刻进行了一番广而告之的宣传。首先，在自己的朋友圈里大肆宣扬，说自己对家长们的阅读感受满怀期待。同时将奖牌在班级里进行了一次展览，自然引来了孩子们羡慕的目光和啧啧的赞叹声。看着他们群情激愤的样子，我知道自己的计划已经成功了一半。他们是一批最好的督促者，回到家他们肯定会添油加醋，对其父母进行另一番的"威逼利诱"。

时间很快到了开家长会前一周，面对家长交上的读后感，我根据家长的文化程度进行分组评比，要求评委老师从不同组别评选出不同的获奖人数，力求获奖的家长能代表不同层级，体现评选的公平性。

开家长会那天是个细雨飘洒的秋夜，气温已有些许冬的凉意，但我们的教室内却灯火通明。我将课桌排成了回字形，铺上蓝色丝绒台布，摆上时令的水果，伴着悠扬的小众音乐，站在教室门口等待每一位出席家长会的家长。

不出意料，好多家长看到教室里的布置都露出了诧异的表情，良好的氛围为我们今天的对话奠定了基础。他们找到自己孩子的座位后，等待家长会的正式开始。有个家长提议对晚到者要适当惩罚，我调侃道："那就罚红包吧。"于是一阵"红包雨"之后家长会的气氛又轻松了几分，感觉更像朋友间的聚会。

"承接春的耕耘，夏的炽热与滋润，在落叶纷飞的秋季采撷晶莹的硕果……"主持人邵妈诗意的开场白拉开了此次活动的序幕。接着家委会主任褚爸致欢迎词，并举行了简单而隆重的"南瓜屋"家长读书会的颁奖仪式。尽管接过的只是小小一块奖牌，但却让家长们感受到沉甸甸的责任，要想陪着孩子一同成长，自己也得不断充电，不断学习。

之后，才是本次家长会的重点。我和家长们围坐一起，大家促膝而谈，畅所欲言，边吃水果，边分享彼此的心得，感受彼此观点的碰撞，其乐融融。第一个发言的是浩楷爸爸，他从注意力、阅读习惯、学习品质、表达习惯、书写态度等方面提出了建设性意见，因为观点相左，当时就与数学老师进行了激烈的辩驳。但这一切都无伤大雅，因为有争锋才有进一步改进的余地。而面对馨予妈妈所提出的孩子不喜欢阅读的困惑，其他家长群策群力，提出了固定时间阅读等许多行之有效的方法。对于家长们在交流中暴露出来的"映射教育""弥补遗憾教育""随心所欲教育"等误区，淳楷爸爸、语萱妈妈等结合自家孩子的成长案例，分享了自己的一些卓有成效的做法……全体家长聚精会神，认真倾听，不少家长还认真做起了笔记。

而作为班主任的我，在其中扮演了活动的组织者和引领者的角色，我将活动的议题限定于孩子的教育上，通过话筒的传递确保发言人的发言能让每个家长都能听清楚、听明白。而对于困惑之处，请发言家长做进一步的阐述。同时，允许因为观点的不同，进行激烈的辩驳。因为"真正的教育是一棵树摇动另一棵树，一朵云推动另一朵云，一个灵魂唤醒另一个灵魂"。没有唯一的标准，我们开家长会的目的就要带动家长们去思考，去思量自己的教育思维是否落伍，去判断自己的教育行为是否妥当。

会后不少家长表示这样的家长会是一场心与心的交流，一改以前家长会上教师独霸话语权的习惯。将话语的主动权交给家长，他们在家长会中才能不是被动的参与者，而是主动的探讨者。通过同伴互助，发挥集体的力量，集中集体的智慧，同时以"榜样家长"为鉴，让更多家长开始去规范自己的言行，做孩子的榜样，与老师一起承担起教育孩子的责任。

我知道，这样一次开在心坎里的家长会带给家长们的，不仅仅是开始……

如何让我们的家长会开到家长的心坎里，落实家校协同育人的目的？个人觉得要充分发挥家长会的展示风采、交流沟通、教育影响的功能。通过展示学校、班级、学生的风采，让家长了解学校的教育成果及孩子在学校的积极表现；通过双向深度交流和沟通，帮助家长理解学校的办学理念、班主任的带班方略、孩子的成长状态；通过传达国家的教育方针政策，传递科学的教育理念，对家长进行教育思想的引领，帮助家长更好地履行家庭教育责任，共同护航孩子的身心健康。

1. 未成曲调先有情——积累素材见初心

家长会上，家长最关心的莫过于自己的孩子。班主任要做好班级的"支部书记"，从接班的第一天起就认真观察每一位学生，将孩子参加各类活动甚至作业的照片收集存档，以"剪映""美篇"的方式在家长会开场前滚动播放，既发挥了暖场的功效，又奠定了家校协同的良好氛围，使家长产生心理期待。

2. 天织云锦用在我——把准需求育诚心

班主任在开家长会前要充分备课，调查家长的需求，可通过问卷星等方式进行调查。此外，班主任也可结合班级风气、学生各阶段的发展需求、成长关键期的心理行为问题、学习情况、思想动态等确定家长会的主题，再根据不同的主题，采取不同的模式，如教师观点的分享会、交流育儿经验的茶话会、学生成果的汇报展、注重亲子互动的活动趴……丰富活动的形式，提升家长的参与感。

3. 阶前碧草映春晖——打磨细节显用心

苏霍姆林斯基认为"两个教育者——学校和家庭，不仅要一致行动，向儿童提出同样的要求，而且要志同道合，抱着一致的信念，始终从同样的原则出发，无论在教育的目的上、过程上还是手段上，都不要发生分歧。"那么家长会则成了两个教育"合伙人"间的"股东大会"。

元代杂剧《谇范叔》里有一句话"先敬罗衣后敬人，先敬皮囊再敬魂"，形象往往要走在专业的前面。因此，家长会上教师的着装及发言稿、家长到会场的指引、教室的布置、签到台的设置、学生桌面名字牌的摆放……班主任都要花一番心血进行把关，既不敷衍塞责又不流于形式，展示自身专业性的同时给予家长充分的仪式感，酝酿双方同频共振的良好氛围。

4. 一弦一柱思华年——情理合奏助匠心

家长会宜从情感上寻找家长的共鸣点，发掘每一个孩子的闪光点，让每个家长都享受到孩子成长的喜悦和荣耀；理性上则应引导家长多维评价孩子，"重过程，轻结果"，理性看待成绩，合理调整期望，勿让孩子的成绩成为家庭的晴雨表。而对于暴露的问题，班主任应遵循"扬善于公堂，规过于私室"的教育之道，就事论事地呈现班级共性问题，私下再与个别存在严重问题的家长沟通，忌当众点名批评。更重要的是，班主任要具体引导家长解决问题，唤醒孩子的内驱力。

5. 天光云影共徘徊——后续跟进赢真心

家长会上，家长"有所见""有所闻"后，班主任还要让家长"有所思""有改善"。在家长会结束之际，班主任既可以让家长写下对孩子想说的话，也可以通过问卷星填写参会的收获及建议，鼓励家长运用会上学到的知识、技巧改善亲子关系或育儿方法，让家长会充分发挥应有的价值。此外，班主任应在后续通过私聊、电联、家访等多种形式关注家长的反馈或孩子的反应，观察家长会是否引起家长、孩子的反思和改善，针对这些反馈信息，对症下药，让家长会发挥其延伸价值。

正如著名教育家朱永新所说："最好的教育，是帮助孩子成为他自己。"在孩子的成长之旅中，家长是坚定的后盾与支持者。家长的角色宛如一位贴心的副驾驶，时刻陪伴在孩子的身旁，与他们一同驾驶着一辆名为"成长"的车辆，穿越人生的每一个阶段。

💜 折腾："高手"在民间

我发现自己一直都很会挑日子，上次摘橘子选了个光棍节，这次踢毽子又搞了个"世界末日"（一个纯属胡扯的日子），果真有趣。

说起这次"毽儿飞"的亲子活动真有些逼上梁山的意味。本月学校阳光体育联赛的主题是踢毽子，作为体育贫困班的班主任一接到这个通知，我真有点瞠目结舌，不知道怎么办才好，尤其要求必须有5名爸爸参加，更让我心里没底。在班上一问，孩子们个个把头摇得像拨浪鼓，谁都不敢毛遂自荐，生怕出洋相。最后只好在家长群里试探性地发了一句："需征集5名爸爸参加学校的踢毽子比赛，有意向的家长请私聊。"时间从上午一直到傍晚下班，没有一个人来主动请缨出战的。

该如何遴选这五位"壮士"呢？做了20年班主任的我遇上了新问题。抓阄？这岂不是在堂而皇之地昭告天下：我已经走投无路了。抓"壮丁"？这的确有些太为难爸爸们了，万一是个四肢不协调的上场怎么办……我苦思冥想，在N多个脑细胞壮烈牺牲后，决定全班海选。俗话说"行家一露手便知有没有"，借着阳光联赛的东风，举办一场题为"爸气来袭毽儿飞"的比赛，挑出参加比赛的种子选手。同时借比赛联络孩子与爸爸的情感，提高父亲对孩子教育的参与度也是一件好事。

为了让家长们及早准备，一放学我就利用班级群将活动的消息在第一时间通知了各位家长。周一晨会课上，我迫不及待地想从孩子们嘴里打探最新消息，谁知竟然有一半的爸爸们不想参加。

幸亏当时急中生智，见一计不成赶紧心生另一计，直接将家长是否参加与期末的评优评先挂钩，这下那些小家伙可急了，好不容易这个学期表现积极，什么家长不参加就一票否决？这不成了煮熟的鸭子飞了……望着他们犹豫的表情，我知道我的"诡计"奏效了，小家伙们开始动摇了。于是趁热打铁，对那些参与的孩子大肆表扬，那些小家伙都耷拉着脑袋，不敢正眼瞧我，我心想有戏。

其实，我的内心也略有担心，万一爸爸们不支持，到选拔日或请假，或缺席，稀稀拉拉只来了几个，那岂不开了"天窗"？想到这里，不由拨通了班上几位热心妈妈的电话，先陈述了此次比赛的重要性——集体荣誉的体现，希望家里的"一把手"鼎力支持，加强监督，利用下班的时间带着孩子一起练起来，既调换节奏让孩子得到放松，又能加强父子之间的交流。没想到几位妈妈都一致认同，纷纷表示在家里会监督爸爸们认真备赛的，虽然踢不好毽子，但是态度不能输。快人快语的泓宁妈妈甚至说："那么多年爸爸终于派上用场了，得让他好好表现一下。"妈妈们的回复，让我仿佛吃了一颗定心丸，对周五的选拔没有之前那般焦虑了。

一日浏览朋友圈，发现有位妈妈发了爸爸进行踢毽子训练的小视频。我如获至宝，赶紧转发到班级群进行了大张旗鼓的表扬：听茅妈说，茅爸从原先只能踢3个，到现在一口气能踢20多个，这中间的故事肯定很激励人。茅爸用自己的行动给小茅同学上了生动的一课，告诉孩子只要努力一切都有可能。然后下面一片点赞声，原本默不作声的班级群炸开了锅，潜水的纷纷出来冒泡。有的揶揄自家的先生，说："完蛋了，这回要抱个大鸭蛋回家了！"有的妈妈则顺势夸了自家那位刻苦备赛的态度，说："现在一吃完晚饭，父子俩就一起找地方练踢毽子。那么多年，第一次看到他们这么和谐。"雨诺的爸爸还在群里晒出了自己创作的一首打油诗："小小毽子真轻巧，铜钱上面长羽毛。踢上青天白云里，模样动人又美妙。谁说毽子容易踢，要想学好不容易。眼到心到脚也到，成功才会属于你。"

一次小小踢毽子选拔赛，成为撬动家庭亲子互动的一个支点。如果用杠杆原理来阐述亲子关系，你会发现亲子关系一般有三种状态，即交流状态、被动状态和主动状态。交流状态下，家长和孩子是平等的，双方通过交流和互动，互相理解，互相支持，利益诉求是同一个方向。被动状态下，通常是家长被孩子牵着鼻子走，完全处于被动地位。因为家长只站在成人的角度去考虑问题，支点太靠近自己。要想让孩子跟我们走，就需要我们移动支点，撬动孩子，了解孩子的合理需求，孩子自然会跟我们走，此时便处于主动状态中。为了选拔，孩子与家长互为支点，彼此靠近，双向奔赴。

此时，比赛的结果已经不那么重要了。

很快就到了周五，虽然细雨霏霏，但是家长们都满腔热情地投入活动中来。风雨操场上，四个组有条不紊地开展着 PK 赛，小家伙们承担了所有的工作：计时的学生，手握腕表，全神贯注地看着秒针一格一格地跳动着；计数的学生，随着毽飞毽落，小脑袋也有节奏地上下晃动；登记的学生，手持文件夹，庄重地写下每一个数字……而一旁观战的孩子们，更是随着父母们的表现，时而拍手叫好，时而扼腕叹息，有些甚至在一旁做起了赛前集训。

因为旁的事，我今天根本没有工夫就活动的细节与孩子们做细致的推敲，却发现他们真的很能干，一切井井有条，完美地呈现了他们的能力，而我则成了这次活动的最游手好闲的"看客"。

家长们的表现，更让我叹为观止，各个有备而来：有的手捏三个毽子，踢飞一个，第二个就迅速补上，不浪费分分秒秒；有的对毽子进行了二次加工，踢起来的效果自然非同凡响。场上的家长个个都成了"黑马"，30 秒踢 40 多个已经不是奇迹，那是必须的。那个嚷得最欢，说自己不会踢毽子的爸爸，竟然在 1 分钟之内踢了 90 多个。

"高手"在民间，果真不假！

在我国，大多数家庭中都存在父亲角色缺失的问题。在一项相关调查统计中显示，40 岁以下的爸爸中，最近一年从不或很少照料孩子生活的占 70% 以上，从不或很少辅导孩子功课的占 45% 以上，而 40 岁以下的妈妈们在这两项的占比分别为 10% 以下和 20% 以下。在生活中我们经常会听到有些父亲这样的论调："我也想照顾孩子啊，可是真的忙，工作太多了。要给家里赚钱，当然陪孩子的时间就少了，这也是没办法的事啊。"

有人说，一个缺席的父亲和一个焦虑的母亲，最终会培养出一个失控的孩子。父亲参与家庭教育，孩子会更自信、独立、勇于挑战。父亲是孩子成长路上不可缺少的角色。作为父亲，要清楚自己角色的重要性，主动参与孩子的成长。而班级要充分发挥作用，促进父亲更好地参与到教育子女中来。通过建立家长成长共同体，开展"爸气十足"的亲子互动活动，如家庭自驾游、亲子自然作业、户外拓展等活动，给予父亲展示刚毅形象的机会，同时让父亲在相处中帮助孩子积累社交经验和社交技巧，为日后提高社会适应能力、健全人格打下良好基础。

为了矫正当前家庭教育中父亲教育方法不当的问题，在家长会上可以开辟爸爸成长课程，开展父亲角色意识、责任认识、沟通策略的专题学习，引导爸爸们以身作则，以理服人。父亲在孩子面前树立一定的权威是必要的，但当权威凌驾于真理之上，就会束缚禁锢孩子的思想。因此，父亲在教育的过程中要注重晓之以理、动之以情。另外，父亲在犯错时也要勇于承认，作出表率，引导孩子形成良好品行。同时为了让孩子更好地了解父亲，通过给孩子的一封信、夸夸我的爸爸等活动，帮助孩子理解父亲，感恩父亲，学会与父亲沟通。

此外，母亲要切忌独揽教育子女的重任，要将父亲所应承担的部分责任还给父亲，让其发挥应有的作用，尽到应尽的义务。家庭是孩子的第一所学校，父母是孩子的第一任老师。再忙碌的父亲，也要承担好自己的责任，做好孩子的领路人，不让孩子的成长留下遗憾。

笃行：德育小组进行时

目前，学校德育在很大程度上沦为一种强制性的说教，用说教代替学生的主动学习、体验和感悟，无视和漠视学生鲜活的个性。随着时代的发展，严峻的形势迫使我们要不断创新德育工作，研究德育的新举措。推行德育导师制，可以加强学生思想道德建设，进一步提高德育的实效性，对加强学生思想道德建设，培养学生具有主体性道德人格有重要意义。

推行德育导师制，德育小组的建设是其中一个有效抓手，它关系到德育导师制开展的成败。那么如何根据学生的需要，开展有效的德育活动呢？我们先来看看教育的对象及小组活动的氛围。

对象："矛盾体"的孩子——内外不一。有人说，每一个孩子都是魔鬼和天使的矛盾结合体。他可以在上一秒乖巧得如一头听话的小鹿，而在下一秒却可以幻化成"魔鬼"。他们以自我为中心，极少顾及他人的感受，爱表现自己，却常常缺乏应有的能力与素养。

张扬的个性是"00后"孩子的代名词，肆意的作风又是他们人生最好的诠释，这样充满矛盾的孩子常常让人又爱又恨。

氛围："〇挫折"的夙愿——知行不一。一个"70后"的德育导师，邂逅了一群"00后"的孩子，更遇到一群"80后"的家长。别看他们似乎特别开明，整天嚷着：要让孩子在挫折中成长；苦难是一笔财富。

可是一旦自己的孩子遇到挫折，则完全乱了分寸。百般的虑心，千般的不忍，希望自己的孩子能少受点苦，希望老师能给予更多的特殊照顾。那些长篇大论的背后，力透纸背地写着三个字"〇挫折"。

面对这样的孩子与家长，我也曾彷徨、迷茫过，后来于永正老师的一席话让我豁然开朗。他是这样说的："假如让我再教一届小学生，我一定要做导师，不当教师……教师时代应该成为历史，取而代之应该是导师时代。"

是啊，我要充分发挥导师的引导、诱导的作用，促使德育小组的活动有效开展。

1. 家长助教，打造德育小组的新力量

一位导师面对班内近 20 名孩子，举行每周一次的德育活动，其强度和压力可想而知。为了提高德育小组活动的实效性，我采取家长助教的形式，为德育小组的建设注入新的力量。

根据异质分组的原则将全班 39 名学生划分成 8 个德育小组，由各位家长担任自己孩子的首席助教者，要求每周进行一次"餐桌谈话"，谈论在校期间的趣事糗事，及时了解孩子的思想动态。

同时组建了 8 个班级助教组，根据活动主题，由组内家长自主申报，轮流担任，确保德育活动的多样性、参与人员的丰富性，为日常德育小组的活动开展提供实质性的支持。

2. 滚动实践，探寻德育活动的新成效

我们经常可以看到这样的一个现象：小组德育活动开展得轰轰烈烈，可是一说到德育效果却差强人意。高投入和低产出成为一对不可调和的矛盾。如何走出这一误区，让小组德育活动不再是一阵风，而是深入孩子灵魂深处？

我们采用滚动实践的方式，一般按照以下步骤来实施：由导师组商定主题——助教组制定方案——导师组和助教组联席讨论方案，做进一步的修正——按照既定方案开展德育活动——活动结束后优化方案，由下一组践行实施。

通过一组组的滚动实践，使育人效果达到最优化的产出。如 10 月份"走进宁波博物馆，了解家乡悠久的历史"这一活动，最早是由第二德育小组实施进行的，可效果却只停留在"到一到，逛一逛"比较肤浅的层次，对家乡悠久的历史知之甚少。

经过与助教组交流后，决定从以下三方面加以改进。

（1）与博物馆联系，在参观过程中为孩子们配备专职讲解员。

（2）在参观宁波博物馆之前，先布置一项实践作业：听爷爷、奶奶讲一讲宁波老底子的故事，学一学地道的宁波话。由首席助教负责评估。

（3）参观结束后举行一次智力问答，所涉及的题目都是参观过程中博物馆讲解员所强调的，对答对者给予一定的奖励。

因为有了这三方面的优化措施，第三德育小组的活动效果有了明显的提升。正因为有了"再一次"的实践机会，小组的德育活动有了进一步优化的空间。

3. 序列推进，追求德育活动的系统性

"十年树木，百年树人。"同理，德育小组活动的开展也不能东一榔头，西一锤子，更应凸显德育活动的序列化、系统性。根据我校的办学宗旨：为了每一个孩子全面发展和健康成长，以及区级课题《"新六艺"育人模式的实践与研究》，我将一年级德育活动的年级目标设定为：在玩中学会直面挫折。

基于以上认识，我们设计了序列化的德育小组活动。如9月一入学，我们就安排了情景模拟——小小邮递员，要求孩子根据提示找到相应地点，主要培养孩子在陌生环境中应对挑战的能力。

10月的户外拓展——独闯泸定桥，希望孩子能借此尝试克服恐惧的心理，产生积极的心理暗示：只要勇敢去闯，我一定能行。

在11月，我们开展了父子共读《彼得兔的故事》活动，想通过父亲这一特殊角色的陪伴，通过故事育人，培养孩子果敢的品质。

在12月则进行了一次野外拉练——徒步福泉山，全程2.7千米，耗时2.5小时，对一个年仅8岁的孩子而言是一次难得的毅力的磨炼。

不难发现，以上四个活动从培养孩子直面挫折为出发点，循序渐

进，实现三维目标的螺旋式上升。这样的德育小组活动以育人为准绳，以品质的养成为内核，让德育工作更接地气，这是一次内心的旅程。

4.云的分享，突破德育活动的时空性

德育小组的建设不能将目光仅仅停留在孩子身上，我们还要将更多的家长融入德育活动的"洪流"中，让他们共同学习、共同发展。

于是我们采用"云的分享"，利用南瓜屋 QQ 群、微信群让更多家长享受德育活动的硕果。如上周四晚 7：30—8：30，我们就"如何辅导孩子"这一热门话题开展了德育小组间的"南瓜屋沙龙"活动。

我先邀请在轮值的德育小组内育人方面比较有心得的两位家长担任本次沙龙的中心发言人，接着要求他们积极收集资料，充实理论依据，然后结合实践先在小组内讨论交流，形成自己小组的观点报告，在周四的德育沙龙中与各位家长分享自己的教育智慧，而其他家长可以在沙龙中在线提问，共同答疑。最后整理聊天记录，形成文字材料上传云盘，以供翻阅。

因为有了这样的"云的分享"式的交流平台，大大突破了德育小组活动的时空限制，开辟了另一个育人的新天地。

众筹：南妈说吧

　　有人说"中国式家庭＝缺失的父亲＋焦虑的母亲＋失控的孩子"，此话有着言过其实的嫌疑，但是也或多或少折射出当下家庭中的某些问题。父亲的缺席，母亲会陷入深深的孤独，她会本能地渴望与孩子相依为命，用爱将孩子裹挟，用焦虑将他捆绑，造成孩子和妈妈之间的过度依赖。

　　于是切实提升母亲的育儿理念，也是素养时代进行家庭教育指导的有益尝试。"三人行，必有我师焉"，我们为什么不将妈妈团的力量整合起来，众筹智慧，针对家庭教育中所出现的困惑和问题，以班级公众号、微信群作为交流平台，群策群力，对教育中存在的问题对症下药，提出建设性的意见，凸显妈妈在孩子教育中的中坚力量，于是"南妈说吧"栏目应运而生。

　　栏目采取何种运营模式，是我面对的第一个问题：是选择几位智慧妈妈作为栏目的主持人，还是全班妈妈轮流坐庄？其实各有利弊。固定主持人，毫无疑问稿子的质量肯定会更高。轮流坐庄，稿子质量会有波动，但参与感会更强，避免出现"一个人的狂欢一群人的寂寞"。我们期待看到的局面是借助栏目带动更多妈妈们的思考。经过与家委会的一番讨论，我们准备采用"1+2"模式，即一个轮值主持，两个观察员，一期一换，让更多的妈妈参与进来，促进育儿理念的嬗变。

　　至于讨论的话题从何而来，首选来自家长的困惑，因为他们是最有发言权的，也让"南妈说吧"这个栏目紧贴实际需求。其次可以来自班级中孩子们的共性问题，大家群策群力，共同寻找最优的解决方案。

　　于是我在家长群里发起了第一期的话题征集，受到了家长们的热切回应，妈妈纷纷开启"吐槽模式"，对话框里时不时弹出一大堆的文字，其中嘉宁妈妈的困惑引起了大家的共鸣，这是一个关于如何把握"管理与放手"的话题，揭示了我们当下家长的迷茫："我想给孩子足够的空间让他自由成长，但是我发现我快坚持不下去了。我给他空间，让他自己完成作业，可到了睡觉时间他还没做完；我平等地跟他沟通，他好像还没长大，不懂我给予的平等；出现问题我平和地给他指出，他却发现不了问题的严重，甚至不觉得是问题，屡错屡犯。种种雷同的问题一次次出现在我面前，我开始迷茫，是他还没长大，我在拔苗助长，还是他的性格就需要我应该严厉地管理呢？"

该如何破解难题呢？我把任务交给了轮值主持张淳楷妈妈以及两位观察员吴浩楷妈妈和邵皓程妈妈。她们3个经过一个周末的探讨，形成自己的文字观点，将此次的主题定为"给孩子'自由'，并不是'放任不管'"，我一读发现丝毫不比所谓的教育博主差。

随着西方教育理念进入中国，很多家长都认为尊重孩子、给孩子自由，能够培养出富有想象力和创造性的孩子。这样的想法并没有错，只是，怎样才是给孩子自由，很多家长并不了解。下面来谈谈我们的一些看法。

1. 给孩子自由不能过了头

真正给孩子自由的家长，是支持孩子、理解孩子的家长。他会从积极的角度看待孩子的选择和因为选择而获得的结果。比如，他会给孩子一些有限定的选择机会，如果孩子选择了，就按照孩子说的做，让孩子感觉到自己的"分量"。

给孩子自由可以，但是家长给的自由不能过了头。散漫的孩子，组织纪律性不强，不太容易适应学校等讲规则的场所，上学后会碰到许多困难，也不容易被老师喜欢。当然，太讲规则的孩子也不是专家推崇的，这样的孩子会很有规矩，但无形中却丧失了尊重自己的能力，好奇心和自信心都容易磨灭。因为他们基本没有机会为自己做决定。没有实践过，自然就不容易知道自己的决定是不是可靠，是不是会好，孩子的依赖性会特别强。

其实，自由不自由的关键不在于孩子，而在于家长。当孩子了解了规则，认识到自己的言语行为不仅仅是自己的事，甚至会给他人造成影响的时候，家长便可以采取开放性的管理，让孩子做更多的决定。因为当孩子已经有了自己的规则或价值观，那么不需要给予额外的限制，他也会有自己的分寸。

2. 给孩子自由需要慢慢来

事实上，我们常碰到的孩子，不是太没规则就是太讲规则，不是太自由就是太不自由。碰到这样的情况，家长应该怎样处理呢？

这时家长的表率作用很重要。孩子除了与生俱来的生存能力，其他的规则都是在后天习得的，只是表现不同而已。没有太多规则意识的孩子除了在家里可以一起制定规则，父母和孩子一起遵守，还可以常常带孩子到朋友家里玩，让"外人"协助孩子了解规则，不同的环境要遵守的规则是不一样的。孩子都是非常聪明的，他会通过"外人"的反应来知道自己怎样做会受人欢迎，怎样做会令人讨厌。而习惯循规蹈矩的孩子，往往都是因为处于一个刻板的家庭环境，这时家长改变才是重点。比如旅行，不需要严格规定几点出发，几点到达，如果在路上发现美景，随时都可以和孩子停下来。循规蹈矩的家庭，目的性会强过享受过程。当父母能放下"目的"的重担，孩子就会慢慢感受到可贵的"自由"。

3. 给孩子自由，并不是放任不管

我们很多家长听了某专家说对孩子不要多批评要多鼓励、多肯定、多赞赏，前文也多次提到对孩子要多给予这些，但不是说放任自由，没有约束，我们很多家长对专家讲的知识吸收得很好，所以孩子就是踩了"高压线"她还是少批评，虽没鼓励但最多轻描淡写地说几句就完事了。她的解释是：专家说要注重心理教育，对孩子多鼓励少批评，不然孩子

会缺乏信心。却不知长此以往小家伙的威风就会被助长起来了，最终只能变得顽固不化，更难处理。所以教育也要有条"高压线"，当孩子踩到了"高压线"不但要批评，还应该让他知道这个是不能触碰的，不然要受到相应惩罚。

我前几天看到的一本书上写的几点就很好：①不许伤害别人。我们中华民族的美德就是不欺负弱小，家长要教育孩子绝不能伤害别人，绝不能做不对的事情。②不要给别人带来麻烦。③对自己的行为负责。

让孩子为所欲为的教育方法不是自由教育，而是放任教育。在孩子教育的这辆大车上，必须具备"慈爱"与"严厉"两个轮子。我们的教育应该是培养责任感，并学会自我管理，成为一位正直的人，只有做到这一点，我们才能说我们的教育是成功的。

她们从三个维度谈起，强调给予孩子自由不能过头，要遵循客观规律，根据孩子的现状逐步给予自由，并对将自由理解成放任不管的错误认知进行批判，有理有据，有观点又有实操的做法，充满着辩证思维的火花。当我们在遍寻良医，寻觅破解当下家庭教育良方时，发现最好的名医其实就是自己，当我们能痛并思痛，学会借助集体的智慧，跳出问题看问题，我们离答案就不远了。此稿一出，获得了家长的一致认同。后来一月一期，根据亲子阅读、手机、同伴沟通等话题，我们进行了深入探讨。

天下父母，没有不爱孩子的。但天下父母，要真正做到懂孩子、会爱孩子、会教育孩子，并不是一件简单的事情。"家长是最好的老师，餐桌是最好的课堂"，孩子个性的形成在很大程度上受家庭方面的影响。

只有"家长好好学习，孩子才能天天向上"，通过"南妈说吧"这一身边的例子，引导更多的家长进行反思，审视自身的家庭教育，恢复其在家庭教育中应尽的责任。

2022 年 1 月 1 日起《中华人民共和国家庭教育促进法》正式施

行，它提出了家庭教育的"七个自觉"：①自觉承担家庭教育的主体责任；②自觉落实家庭教育立德树人的根本任务；③自觉重视家庭建设，为孩子成长营造良好的家庭环境；④自觉掌握和践行家庭教育的正确方法；⑤自觉提高家庭教育的能力；⑥自觉与学校、社会相互配合，共同促进孩子的成长；⑦自觉尊重和保护孩子的权利。这七个自觉，旨在唤醒家长的家庭教育自觉，希望这部法律能够真正助力家长，做好孩子的第一任老师，发扬中华民族重视家庭教育的优良传统，引导全社会注重家庭、家教、家风，增进家庭幸福与社会和谐，发挥家庭教育在育人中的重要作用，培育身心健康、幸福乐观的孩子。

❤❤ 换位：给家长报个兴趣班

晨会课上。

"同学们，如果可以给爸爸妈妈报一个兴趣班，你们会给他们选择什么？"

一石激起千层浪，孩子们的想象力马上被激发了。有的说，给爸爸报书法班，把字写得漂亮一些；有的说，给爸爸报个锻炼身体的减肥班，因为他实在太胖了；有的说，给妈妈报个好好说话班，因为她说话总是不太顾及别人的感受……

每天早上进班的第一件事，就是将全班同学的脸部表情进行一次大扫描，看看孩子们心情指数如何。觉察力是班主任洞察学生行为动机的能力。通过观察学生的行为，去了解他的心理反应。带领班级一段时间后，可以对学生的性格了如指掌，一般情况下仅凭表情和坐姿，就能猜测出今天哪几位心情欠佳。

因此，我发现小希耷拉着脑袋，愁眉苦脸地坐在座位上，心想这家伙肯定有事。于是朝他招招手，把他叫到走廊上。此时，窗外的爬山虎在风中漾起波纹，像海上的波浪。

"小希今天有什么不开心的事？有烦恼要说出来。"

他欲言又止，但架不住我那殷切的眼神。

"俞老师，今天早上我和妈妈吵了一架。"小希小声地嘀咕着。

"哦……那为什么争吵，有原因吗？"

"主要是周末妈妈帮我报了许多兴趣班，我真的很不喜欢。每次上课我都窝着一肚子气，所以今天才和妈妈吵了起来。"说到这里，小希的眼圈忍不住红了。

望着小希，我觉得今天的晨会课也可以让孩子们给家长选选培训班，于是出现了前面的这一幕。

显然，在孩子们看来，家长同样需要"补课"。可事实上，很少有家长像对待孩子那样要求自己。家长热衷于把孩子塞给各种兴趣班，一个最重要的理由就是"不想输在起跑线上"。然而，家长的"包办"欲望忽视了孩子内心的需求，把自己的喜好强加给孩子，往往"强扭的瓜不甜"，引发孩子的逆反心理，甚至患上厌学、情感障碍、社交恐惧等心理疾病。

现代社会竞争无处不在，孩子们不可能在温室里获得真正的成长。但正如教育学家提醒的，必须了解儿童，体会他们的内心感受，认真倾听孩子们的梦想，审慎对待他们的精神需求，家长才能走出"一步不能落下"的焦虑，给孩子们最想要也最适合的教育。

于是，晨会课一结束，我便在我们的家长群里开了场"线上沙龙"。先在群里将晨会课的情况进行了简单的反馈，刚开始家长们还觉得很可笑，可是在笑过之后，家长群竟渐渐安静了下来。我知道大家都意识到了什么。

我在键盘上敲下了一行字：请家长们思考让孩子参加兴趣班的目的是什么？

科涵爸爸第一个发言，打破了沉寂："我们往往一厢情愿，打着为了孩子好的旗号，让孩子参加各种兴趣班，却忽略了孩子是否感兴趣。"

皓程爸爸也很认同，发了个大拇指的表情包："兴趣班，第一要合理，契合孩子的需求，第二要精华，追求质量不求数量。如果因为兴趣班影响了孩子的学习情绪，将得不偿失。"

这下是我为皓程爸爸点赞了，没想到他一下子就踩中了鼓点。

语萱爸爸继续发言："作为家长，我们不能让自己的期望成为压垮孩子的最后一根稻草。玩乐与学习是不矛盾的，一定要营造良好的家庭氛围，让孩子有松弛感。成绩是一时的，孩子的发展是一世的。"

其他家长你一言，我一语，纷纷表达了自己的看法。

这时，一个弹窗跳了出来。哦，是小希妈妈。

"俞老师，今天早上小希因为兴趣班的事和我大吵一架。其实我也意识到自己的不对，但是要想在这么激烈的竞争中胜出，不得不跟着一起'卷'。"

我没有急于反驳，只是告诉她："任何事物的生长都有其自然规律，适合孩子的才是最好的，能激发孩子的教育才是真教育。选择兴趣班在我看来，可以从三个维度统筹去考量，第一是孩子的原生兴趣，这一点最重要。第二是兴趣班是用来扬长的而不是补短的，孩子对一项事物感兴趣，除了天生的驱动力，最重要的原因就是持续不断的正反馈。第三是只有让孩子觉得我比别人强，学得更容易，才会激发他对该兴趣的热情。"

聊到这里，小希妈妈不好意思地向我表示歉意，并承诺会和小希好好商量。

如何帮孩子找到自己的兴趣？作为父母，第一件事就是先给孩子提供尝试的机会。可以给孩子先尝试几次，如果孩子没有表现出特别喜欢，要及时断舍离。千万别被"损失厌恶"的心理学现象困扰，打着怕孩子养成不坚持的坏习惯的旗号，逼着孩子进行学习。

当然，任何兴趣学到一定的程度，都有一个疲惫期和波谷。我们要引导家长进行分析判断：其一，孩子真的不喜欢，还是遇到困难了，需要我们帮一把；其二，是孩子不喜欢兴趣班本身，还是只是不喜欢这个老师。到了小学高年级，真地会发现孩子的时间太有限了，舍是一种智慧，咱们家长在给孩子做教育规划的时候，一定要抓好核心目标，分清楚主次。

❤ 赞美：不一样的颁奖词

生活需要仪式感、生活需要学会感恩、生活需要爱的表达。班级氛围的营造、活动的开展都离不开家长们的鼎力支持，无私奉献。因此，小学阶段的最后一个"六一儿童节"来临之际，我决定在班上开展"感动南瓜屋"优秀家长评选活动，以感谢家长们对班级工作的默默付出。

班会课上，我对孩子们说："我们朝夕相处度过了人生的童年时代，无数活动的背后是默默奉献的家长义工们，他们是我们永远的后援团。为感谢父母对你们成长路上的照顾和关怀，我们将评选一批"感动南瓜屋"的优秀家长，在"六一儿童节"来临之际为他们颁发一张我们亲手制作的奖状吧。当然这张奖状需要你们来书写，要有图有字。我会在每一张奖状上写上我的答谢词并签上我的名字。

大家开始轻声地讨论，很快就举起手来，一个个熟悉的名字从孩子们的嘴里蹦出来。接着根据孩子们提供的名字，我们进行举手表达，大家的意见出奇地一致。群众的眼睛是雪亮的，孩子的心中都有一杆秤，学生对那些心底无私、具有古道热肠的家长总是印象深刻。

然后，我将撰写颁奖词的任务分派给了各德育小组，要求他们利用短暂的半节课时间形成文字稿。于是，各小组在组长的带领下如火如荼地进行创作活动。不得不说，你永远要相信学生是有才华的；不得不说，有时候文字比语言有魅力；不得不说，情感的表达是非常有必要的。当我把各小组提供的颁奖词全部看了一遍，发现孩子们写得情感真切、文辞通达，连杜撰的奖项也显得如此用心。我不由心生感慨，庆幸这样的活动远远比说教的效果好。

他们把"劳苦功高奖"颁给了陈晴淼妈妈，那是一个嗓门特大的家长，做起事来雷厉风行，六年来不厌其烦地催促完成安全作业，催缴各项资料……不敢说她是功劳最大的，但没人不说她是最辛苦的。

致淼妈：守住孩子的梦，开辟未来的光。六年的辛苦与奉献，表白了一位母亲的深情。家与校的距离虽短，但情与情的交织更长。六年的守护与坚持，劳苦功高非你莫属。今天让我们将这份荣誉授予淼妈，向你道一声：您辛苦了！谢谢您！

给我们的财务主任蔡佳瑶妈妈颁发的是"事必躬亲奖"，班费中的每一笔收支，她都详细登记在册；班级中每一项活动都有她忙碌的身影。也亏得孩子们能想到这个词来形容。

致蔡妈：什么是温暖？一场场家校沟通，一次次集体呼吁，班级的事就是你的事，每次都刻不容缓，每次都随时待命，亲力亲为。你用行动告诉我们：一代代不是简单的轮回，而是幼幼相承的付出，是心心相印的温暖。为什么孩子的歌声如此动人？因为你对班级爱得深沉。蔡妈，谢谢你！

当我翻到班级文创总监周晨轩妈妈的颁奖词时，我也不得不为孩子的文采喝彩，并为她量身定制了"奇思妙想奖"。

致轩妈：板报上有你的期待，教室中有你的巧思。你用专注和热情描绘着孩童的世界，你用结构和色彩勾画出少年时代的美，孩子们则用惊叹与赞美走向你。他们懂得，一切所看到的美好，是你无数次推倒重来，通宵达旦，绞尽脑汁后的创新。周妈，谢谢你，这六年为教室展现风貌，为班级绽放光彩！

为家委会主任陈路航妈妈颁发的是"雷厉风行奖"，这是一位女强人式的母亲，但在儿子面前永远是轻声细语。

致航妈：一次次活动的筹划、组织，一箱箱送往班级的物资。很多次，你不惧困难，迎难而上。你像一个勇士，面对挑战；你像一个将军，筹备精良。你眼里有光，腹中有诗，肩上有担当，胸中有情怀，皆因你心中有爱。雷厉风行是你的一贯作风，这份奖项授予你，当之无愧。感谢你，陈路航妈妈！

他们将"全球采购金奖"颁发给了双胞胎妈妈，采购是一项既劳心又劳力的活。不似给家人买东西，挑贵的买总没错，给班级采购必须价廉物美，接受挑剔眼光的审视。

致大大小小妈妈：你行事果敢，任劳任怨；你注重品质，经验开路，技术入手，货比三家，虽资金充裕，仍念物力维艰，算无遗策地为班级倾尽心力。你的方法巧妙得当，带给我们不少惊叹：采购也可以这样充满爱心和创意！

看到荣获"饕餮盛宴奖"的张茜凯妈妈，我的脑海里总会冒出八个字：减肥路上的绊脚石。简简单单的面粉一到她的手上，就像赋予她孙大圣的"七十二般变化"，今天麦饼、明天黏豆包……变着花样往班级里送，让人一提到她的名字就忍不住流口水。

致凯妈：虽不是赫赫战功，但让孩子们铭记。寻常小吃因为你的精心准备，便是人间美味。你热情友善，朴实勤勉，你将厨艺倾囊相授，心中有爱，眼里有锅和远方。你不仅向我们传递着这热气腾腾的人间烟火，还用行动告诉我们：爱与美食皆不可辜负！

望着沉甸甸的奖状时，我的内心是无比感慨的。感慨在于，如果不开展这次活动，我无法获知孩子们还有如此才情，有些文字的遣词造句已经超越我的水平；感慨在于，如果不开展这次活动，孩子们直至毕业都无法倾吐内心的感激之情；感慨在于，因为需要表达，反而塑造了孩子感恩的心态，学会从细节处感受爱。

一次活动，一次感动，感动在于孩子们懂得感恩他人；一次活动，一次感悟，感悟在于文字的表达更直击人的内心世界；一次活动，一次成长，成长在于行走在育人的道路上，我始终坚信活动育人放光芒！

"六一"活动即将曲终人散，看着忙碌的家长准备清场离去时。班长林浩楠把几位家长拉住了。《感恩的心》的旋律在教室内响起，主持人毕炜皓拿起话筒开始颁奖典礼。

"'鲜衣怒马少年时，不负韶华行且知'，今天是个特别的日子，南瓜屋的小南瓜们要毕业了！六年弹指一挥间，悠悠往事在心中；六年成长点滴，情谊千斤重。感谢六年来我们携手相伴，感谢彼此有过的喜怒哀乐，一切都是成长的财富。今天我们还需要感谢我们的家长义工们。是你们持之以恒，坚定的付出，换来我们今日之朝气蓬勃、奋发向上。众人划桨开大船，众人拾柴火焰高。你们没有铠甲，只有无私的爱为孩子们冲锋陷阵；你们没有绝技，却用淳朴的行动给孩子们树立做人的标杆。感恩一路有你们！请陈晴森妈妈、蔡佳瑶妈妈、周晨轩妈妈、陈路航妈妈、陈李旸陈李喆妈妈、张茜凯妈妈。我们要给你们颁发班级的最高奖项——感动'南瓜屋'奖……"

然后让受到嘉奖家长的孩子，上台给妈妈们颁奖。每个家长都笑得如冬日里的山茶花。航妈更是坦诚地表示："虽然在生活中、在工作中，我也得过一些奖，但是能够被自己孩子颁奖真的是很惊喜、很甜蜜的一件事。这奖见证了我们俩一起走过的小学六年。"

南瓜屋的"我为家长颁奖"活动，是鼓励孩子将自己的感恩表达出来，既让孩子们看到家长为班级所付出的努力，培养孩子们感受爱、表达爱的能力，也让家长们的无私付出，得到来自孩子的肯定，获取情绪价值的滋养。

🖤 互助：家长读书会

"不能输在起跑线上"是当代大部分家长的教育观念，他们怀揣着"望子成龙""望女成凤"的殷切期望，在教育的洪流中暗自比拼较劲，但他们却忘记了作为孩子"第一任教师"的自己要起到榜样垂范作用。事实上，家长的自我教育、自我成长才是家庭教育的首要任务，因此，作为教育对象的家长亟须审视自我的地位，厘清家庭教育的职责，担负起主体责任。

随着智能化时代的到来，亲子教育资讯俯首可拾。但细究发现，由于市场需求和流量导向，不少教育类资讯以博眼球为目的，没有从人的需求和成长出发，内容多为人云亦云，缺少思考，不具有适切性，缺乏高屋建瓴地对孩子教育问题提供指导建议，家长阅读后难以建构起系统的育儿观。尽管在教育上有学校的加持，但它运行周期长，时空限制多，常以会议的形式来传达教育理念，实践可操性低，又缺乏日常的跟进与动态追踪，滞后性严重。不少家长往往听时热血沸腾，回家一动不动。而传统的家庭阅读的指导更多着眼于亲子阅读，对于家长个体的阅读缺少支持系统，导致家长自身阅读的内驱力不足。

因此，一接手2015级3班，我就尝试着带领这群家长开展"读书会"活动。这一想法得到时任德育副校长张盈珺老师的支持，她为我们推荐了首期阅读书目《孩子可以这样教》。其一，书的作者就是我校的家长，为后续活动的开展提供便利；其二，此书所呈现的案例大多源自家长身边的案例，更具感染性。

我将首次家长会的读书活动设计成两个阶段：第一阶段以自读为主，通过每日群打卡确保阅读的进度；第二阶段以交谈探讨为主，在家长会上进行读后感的交流，共同提炼适合本班实际的教养方式。对于家长提交的读书笔记，我一概要求手写，A4纸大小字数不限，拒绝接收电子稿，其目的是即使是抄袭的至少能手过一遍，好歹也是学习的过程。

因为是第一期的家长读书会，家长们学习热情还是比较高涨，有些家长每次读书笔记心得都写得特别多，并且认真结合身边实际的养育实践进行思考。但后来几期家长的学习热情有所回落。如家长参与度下降，没有按时完成阅读任务，经常请假等，颇有一种自己抱着想要帮助家长的目的付出，但家长自己却不愿意学习的尴尬境地，我觉得也是人之常情。抛去那些没有怎么参与的家长，在这些读书会中，只要愿意认真学习与分享的家长，都或多或少有一些养育的收获，不要说六年，参加过几期后有些家长甚至觉得自己的养育模式被彻底改变了，意识到自己过去犯了太多的养育错误。也正是看到了一些家长在读书会参与过程中的改变与觉察，让我坚定了将家长读书会这件事坚持下去的想法。"星星之火，可以燎原"，相信以后会有越来越多的家长能够开始自己为人父母的学习。

请蹲下来和孩子交流

最近我读了虞叶琴女士写的《孩子可以这样教》。这本书使我深受感触。

虞叶琴女士的"教子经"首先是"倾听"二字。我和丈夫都是上班族，每天工作十分忙碌，回家之后又非常累，就没有要求自己每天细心、耐心地听孩子讲他在学校里发生的每件微乎其微的小事和他自己的感受。我觉得这样的母亲就是一位不合格的母亲，说起来真是惭愧。

记得有一次收到了老师的作业信息，说兴趣班的回执单明天上交。晚上问他要回执单，他说扔了。我问他为什么，他说："反正你又不给我报兴趣班，我就扔了啊。"看他的语气和神情，我真是无语了。但同时他的话也让我无地自容，自己在这方面确实没有花时间去了解和倾听孩子内心的想法，不知道孩子到底喜欢什么，内心是怎么想的。倾听是家长与孩子进行沟通最有效的方式。我们应该多与孩子进行交流，多听他说他的理解和想法。当我们能用平等的心态倾听他的诉说时，孩子就会从我们这里得到信任感和安全感，那家长与孩子之间的沟通自然就会变得顺畅。

文中说道：要尊重孩子的自我，保护孩子的自尊。这句话又使我深深地惭愧。我家孩子在学校做作业，写得挺工整，而家庭作业却很潦草。我问他为什么写得那么差。他说因为写得工整太慢了，因此想写快点，不愿意在书写上花更多的时间。这个时候我就会大声地斥责他，并让他重新写一遍。我是想让孩子能把家庭作业也写得干净、工整，但其实这样强势的做法效果并不好。孩子的心理状态不稳定，容易受外界干扰，也容易被自己的感受和情绪所左右。换位思考，假如家长变成了"孩子"，情况自然会变得乱糟糟，不可控制。以强硬的态度对待此事，未必行得通。从长远角度看，合作才是可行之路。孩子的自我在蓬勃发展，他的自尊会关系到他的未来，父母若是一时"得势"而错失培养孩子高自尊的机会，那就得不偿失了。

所以，我觉得无论是成年人还是孩子，都应该理解彼此，尊重彼此，家长要学会蹲下来和孩子交流。

这是正亮妈妈交上来的一篇读后感，前后不一的字迹在告诉我这篇读后感断断续续写了好几天。她是一家连锁酒店的保洁，薪资不高，忙碌的工作常常让她无暇顾及自己的孩子。她的感受虽谈不上文辞俱佳，但却紧扣自己的教养现状，扪心反思，读起来是如此地扣人心弦。

为了进一步激发家长阅读的兴趣，我邀请了几位老师对交上来的阅读感受进行评奖，按照不同文化层次评选出12篇优胜奖。当他们在家长会上接过定制的奖牌，显得异常激动。

后来家长读书会成了每学期的保留节目，一学期读一本书，虽不多但却能给家长们带来思考便足矣，甚至连漫画书《父与子》也成为我们的必读书目，因为嬉笑之后带给人的思考却是无穷的。

读书会这种形式其实自古有之，中国历朝历代的文人雅士以及欧洲文艺复兴时期的学者们均有一起探讨书籍内容、交流思想的聚会。而现代的读书会最早是 1902 年由瑞典中学教师奥斯卡·奥尔森在瑞典南部的兰德创立，早期是线下的交流分享居多，大家思考相关部分的问题，在线下读书分享会中畅抒己见，碰撞思想，让读书不再是一个人的活动，而是一群人的共享。

家长读书会是 PHP（Parents Help Parents）家长互助平台。PHP 这个术语源于正面管教，正面管教里有一个专门的 PHP 活动，是让家长体验解决养育问题的互助活动。具体活动是先选出一个家长代表提出其最近遭遇的现实养育难题，剩下的家长集思广益提出解决建议，最终家长代表选择可以接受的建议应用到实践中。

这种家长互助的模式建立在良好的学习氛围之下，参与的家长也需要接受一定的正面管教理念熏陶才能提出更加行之有效的建议，并帮助家长代表真正解决问题。而家长读书会同样汲取了家长互助模式的精髓，让家长既可以结合书中知识联系自身实际养育做出分享，同时对于自己无法解决的难题也可以寻求其他家长的帮助。同一期家长读书会中孩子年龄一般相近，家长之间在日常养育中遇到相似问题的可能性很大，可以相互交流，共同解决难题，"让每位家长成为自己孩子的育儿专家"。作为父母的你们，对于自己的孩子才是最了解的，比其他家长或是老师、专家都更加了解，所以当你们自己掌握科学的育儿技巧和方法，你们采取的养育才是最有针对性和最有效的养育。

刚开始进行学习时，最有可能遇到的问题是理论与实际脱节，会发现书中学到的知识难以运用到实际之中，这就需要教师的引导以及其他家长案例的参照。在同一期的家长读书会中，会有看问题更加深刻的家长，也会有情感更加充沛的家长以及愿意不断尝试的家长，大家可以取长补短，相互交流借鉴，共同提高，这也是合作学习的魅力。

家长读书会是父母日常养育的"加油站"。当代的家长在养育方面面临的压力其实更胜从前，不管是沉重的房贷还是高额的教育支出，使得很多家庭都成为双职工家庭，经常需要加班晚归，在家陪伴孩子的时间越来越少。

在劳累的工作之后，回到家中可能又会遇到孩子的各种挑战，让自己紧绷的神经一点儿都放松不下来，再加上平时养育中积累的不少负能量，更是倍感心力交瘁。但是日常养育中的问题就是这样，越是陷入负面情绪越是难以解决问题，必须通过学习，让自己更积极正向地去应对才能够改变糟糕的状况。

在家长读书会中，作为主持人的教师必须足够正能量和乐观积极，这样面对家长所表现出的负面情绪才能有效接纳并积极转化，让家长们能够把精力聚焦在解决问题上。因此，家长读书会所蕴含的核心要义是"通过学习书中知识去共同探讨解决日常养育难题"，营造的是"办法总比困难多"的正能量氛围。

在这里，家长可以看到自己孩子身上的问题在其他家长的孩子身上也会有，这个问题其他家长可能已经找到了办法解决，自己也可以去借鉴学习；在这里，家长可以收获鼓励与感动，重拾对孩子的信心，更冷静与更智慧地找到办法解决难题与挑战；在这里，家长可以从其他家长的经历中获得信心与动力，找到将理论运用于实际的有效路径，真正地学以致用。

正是基于以上所述家长读书会的深刻意义，我决定将家长读书会这件事很好地坚持下去，并作出分享，让它发挥更大的价值，吸引更多的家长能够加入学习队伍。

💜 携手：遭遇"叛逆"家长

看到"叛逆"这个词，我们首先想到的是青春期的孩子，觉得他们正处在成长的关键阶段，对世界的认知还未成熟，对父母及师长的教导与约束会产生抵触心理。然而我们往往忽略了另一种情况——家长的叛逆，成为你教育生涯中的另一股掣肘力量。

一谈到这一话题，我的脑海中不免浮现出矗矗妈妈的身影。

未见其人，先晓其迹

开学报道的第一天，眼看着到校的时间都过了，可教室里就是空着一个座位。一问方知是矗矗同学。难道路上出了什么岔子？我如热锅上的蚂蚁般有些坐立不安，赶紧打开电脑搜索矗矗父母的联系方式。

先给矗爸打电话，回应我的是"您拨打的电话，不在服务区"，然后是"滴滴"的一阵忙音。

接着给矗妈打电话，一个，两个，三个……全都没有联系上。

这该如何是好？我赶紧询问学生矗矗家的住处。心怡同学告诉我矗矗和她家住在同一个小区。我像捞着了根救命稻草，忙给心怡妈妈打电话，辛苦她去矗矗家跑一趟，询问孩子是否来上学。

10分钟后电话铃响了。心怡妈妈气喘吁吁地告诉我："因为昨晚矗矗家和朋友聚餐至凌晨才睡，导致矗矗睡过头。"这该是怎样的一户家庭，接下去的三年不知该如何相处，我蓦地有些哀凉。

半小时后，从门外走进一个瘦小身影，凌乱的头发，惺忪的睡眼，一件洗得褪色的皱巴巴的校服套在身上，手中拎着个书包，那未曾拉上的书包口子正有气无力地奔拉着。不消说，这就是矗矗同学了。我不由得心中泛起了嘀咕：这该是一个怎样的孩子？

第一次师生见面，竟是如此特殊。

一次铩羽而归的沟通

"俞老师，聂聂的回执单没有签名。"

"俞老师，聂聂的家庭作业没做！"

……

开学还没一周，每天早上迎接我的是关于聂聂的一连串投诉，甚至连"二导"也忍不住抱怨："安全平台的作业总是聂聂家长未完成。通过钉钉给她发私信，永远是未读。"

看着总不在状态的聂聂，我心急如焚。如果任由他松懈下去，总觉得没有尽到师者的责任。想着聂爸经常要出差，我也觉得还是有必要和聂妈联系一下，希望能获得她的支持。因为"两个教育者——学校和家庭，不仅要一致行动，而且要志同道合，抱着一致的信念，始终从同样的原则出发，无论在教育的目的、过程，还是方法都不要发生分歧"。

自觉已经做了完全的准备，我给聂妈发了短信，想和她进行电话沟通。谁知，短信如石牛入海，过了整整一天都未见回复。原本酝酿的情绪，也渐渐泄了气。

直到第二天中午，我终于收到了聂妈的回复："可以的。"虽然是简短的三个字，却让我原本沮丧的心情立即消融，赶紧拨通了聂妈的电话，自报家门后，电话那端传来了冷冰冰的声音："我们的聂聂，是不是又做了什么坏事？"连最起码的寒暄也没有。

"这个……"我一时竟有些语塞。"开学一周了，但是聂聂同学总不在状态，回家作业不做，上课走神……""我知道的，我也经常和聂聂说。"我的话还没说完，便遭到聂妈的一顿抢白。

"聂妈，你在家里能不能督促他好好学习？"

"老师，他每天晚上都去托管班做作业的。我文化程度不太高，学习还是要靠老师抓紧。要不我把托管班的老师电话给你，你和他联系？"

这样的话语，让我真的不知该如何回答，只能苍白无力地表达我的期望，孩子需要父母的陪伴，希望能家校合力共同促进孩子的成长，之后便匆匆挂断了电话。

第一次对话，铩羽而归，感觉满腔热情错付了人。后来学生告诉我，为了减轻家长的负担，骉骉家长甚至晚上让孩子住在托管班。听闻此话，我内心不由得生出了几丝悲凉，这样的家长真的太不尽责了。

家长也会习得性无助

未经他人苦，莫劝他人善。有时候我们往往只站在自己的角度，而忽略对方的感受。孩子在三年间，估计也接受过太多的否定，以致让家长也有一种习得性无助的心理状态。骉妈在经历反复的失败或无法控制的情境后，形成了一种对未来事件感到无力改变、放弃努力的心理倾向。

要想改变骉妈，不妨从骉骉入手。这一天骉骉同学的背书作业又没过关，至于原因肯定是昨晚又光顾着玩，没有认真准备。放学时，我把他留了下来，并给骉妈发了条信息，首先罗列了骉骉最近几天的进步之处，然后告知她今天留堂的原因，请她勿担心。

这次消息很快就回复过来了："谢谢俞老师，背书结束让他自己走回家吧。"

骉骉拿着书跟着我垂头丧气地来到了办公室，我并没有疾言厉色地批评他，而是和他就背书进行了探讨："背诵课文好比跑马拉松，你功夫不到家自然不能过关。那你知道我们为什么要背诵《爬山虎的脚》吗？"

"为习作积累素材。"看来这家伙内心还是门清的。

"背书不仅要花时间，还要抓住关键性的词语、句子来背，边背边在脑海里浮现出相应的画面。这个背书方法，你可以试一试。"他如捣蒜般点了点头。

我知道骉骉向来视背书如猛虎，便顺势抽出凳子，请他坐在我身旁。一遍，两遍……他一边读，一边分段落识记。而我则对课文的逻辑顺序进行梳理，引导他抓住连接词来背。终于在一小时后，他能够磕磕绊绊地背出来了。但我还是狠狠地把他夸奖了一番。

出校门时太阳正要落下，但它又折射出了更加绚丽的色彩，天空中的色彩快速变幻，时而红，时而淡蓝中夹杂着紫色，时而又在红色中有着蓝金两色。我不放心他独自回家，于是盛情邀请他坐我的车回家。虽然只有短短十分钟，但聂聂却很放松，和我聊着校园里的有趣事。到小区门口时，我给聂妈发了条短信："今天聂聂自己总结了一套背书方法，看来孩子还是肯动脑的，今天让你久等了。"

不出所料，那晚的作业聂聂全部完成了，虽然字迹潦草，但好歹是个改变。更让人欣喜的是，向来不在家校联系册上签名的母亲，破天荒地签上了大名。

教育是一场双向奔赴的遇见

为了便于和聂妈联系，我主动加了她的微信。美酒、宵夜、K歌是她朋友圈的三大主题，面对这样一个家长，我觉得要想彻底转变其教育理念甚至生活方式绝非易事，家校之间的边界感还是要有的。可我又该怎样艺术性地介入呢？

我时常在自己的朋友圈转发一些家庭教育的推文，其实我本意是想发给她的。如果过于直白，会使好不容易建立起来的家校间的信任分崩离析。我坚持不懈地发着，有时在班级群，有时在微信圈，每天一到两篇，我知道她不会全看，但我依然怀有美好的期待，希冀她点开其中的一篇，或许，有些内容能让她从中受益。

同时我借助德育小组的力量，组建家庭教育的第三股力量。通过每月一次的小组活动，让聂妈与班上的其他家长一起参加亲子活动，在潜移默化中接受思想的浸润。

对一个孩子来说，最重要的是人生初期的家庭教育。正确教育孩子，需要家长形成正确的育儿观念，掌握恰当的教育方法，合理利用教育资源。但是成为父母，其实是无法"持证上岗"的，没有哪一门考试告诉我们，通过了你就是合格的父母了。

因为成为合格的父母，不只是简单地养，更要科学地"育"，不能想着让孩子吃饱送到学校就完事，一定要提高自己的育儿能力。

日本作家伊坂幸太郎说过一句发人深省的话："一想到为人父母居然不用考试，就觉得太可怕了。"多年来，我国有不少学者提出要实行"父母资格证"，成立家长学校，让父母"持证上岗"。这个建议很好，因为教育孩子是一件复杂的事情，它需要家长们不断地学习，不断地增加知识补给，不断地自我"培训"，在这个过程中，仿佛自己也跟孩子一样去学校念书，与孩子一同学习新知识，与他们一起慢慢长大。

第五辑

成长

和孩子一起

　　和孩子一起成长是一种非常美好的体验。精神成长了，你的课、你的专业发展就会进入新的高度。而成长速度最快的人，往往不是那些现在就星光熠熠的人，而是总能在复盘现场快速调整的人。所以我们要努力将有长远意义的事情做扎实。

借力：借思维导图，让工作轻松一点

我相信不少新手班主任，常幻想能接到一个好带的乖宝宝班，然而接到一个各方面都存在不同问题的班级才是我们的工作现状：每天沉浸在繁杂而琐碎的事情中，忙忙碌碌，日常满满，突发事件不断，没日没夜地裹挟在时间和空间的洪流中，觉得时间永远不够用，事情永远做不完，精神紧绷，心力交瘁。

我们总把班主任工作跟医生作比较，两者有其共同点：工作中的经验，需要时间来沉淀，更需要事件来累积。数年甚至数十年的经历，换来老教师们一套系统化的班级管理模式，在这套模式下，往往做得有条不紊，临危不乱；而年轻教师，还在摸黑前行，今天试试这个方法，明天试试那个，在数不胜数的试错中寻找合适的途径，随性又随机，以至于常常与学生同时陷入糊涂又迷茫的怪圈。

我第一次在尝试进行"思维整理"时，实在忍受不了自己总在翻找作息表、课程表、晨诵午间暮思这三张表的过程中花费大量的时间。于是，我便花了一些时间加上自己的构思，把三张表的内容融汇起来，裁剪好贴在备课本里，这么一个小小的"整理"，不仅为我省下不少时间，还意外地加深了记忆，并致使我着手尝试对班主任工作的管理，进行思维上的"整理"。

班主任不但要有学科上的业务能力，还要像太阳散发光芒般，去引导营造良好的学风和班风，靠近、欣赏、影响每一位学生，往小了说这是专业精神，往大了说关乎着每一个小生命的成长。

1. 借气泡图，看一维——关联力

我常常在思考：学生需要什么，班级需要什么，班级优势是什么，我能改变什么，我不能改变什么。这种思考，其实就是思维发散和联想

的过程，围绕一个主题，激发大脑的联想，让思绪像蜘蛛网一样向外扩散，寻找与之相关的答案或目标。在班主任工作中，最简单最常用的就是这种思维，也就是思维的第一个维度——关联。

我们在给班级进行岗位设置的时候，脑子里会冒出来一个又一个岗位，把这些岗位罗列出来，形成一个气泡图（图5-1），一目了然。

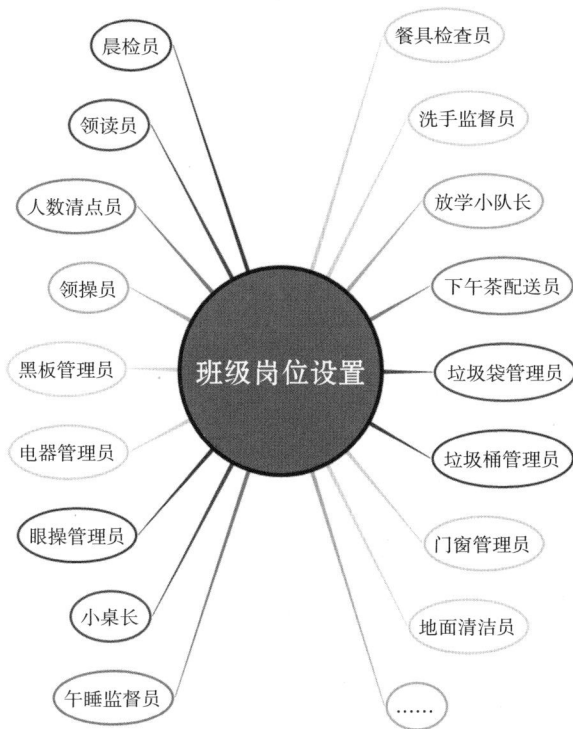

图 5-1　班级岗位设置气泡图

2. 借树状图，看二维——整合力

当希望一项活动能够有秩序地进行时，发散思维罗列出来的那些散乱的点和碎片化的信息，是无法支撑起来的，我们的大脑更善于处理规律有序的信息，所以运用逻辑思维，对信息进行归类整理，快速抓住思维的核心，梳理出系统性的知识网络，能帮助我们更全面地思考班主任

工作。

　　班级岗位分类树状图，将原先罗列的岗位，按照规章制度岗位、各学科类岗位、班级生活岗位、劳动卫生岗位等进行分类，便完成了从一维——关联到二维——整合的过程（图5-2），信息从输入到输出，产生了整体性和秩序性。

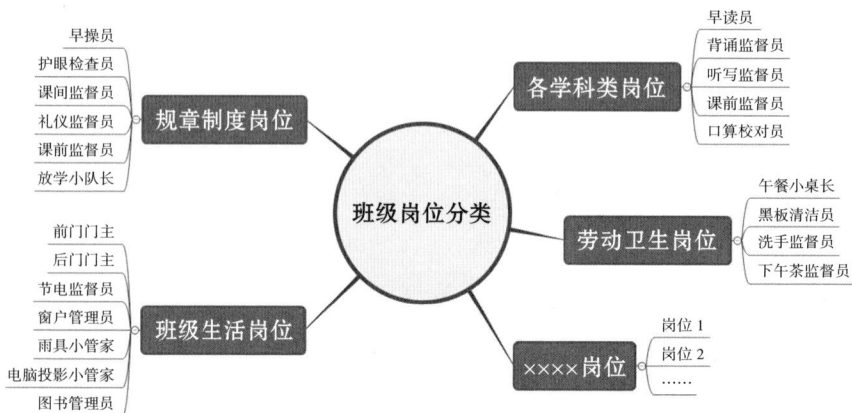

图 5-2　班级岗位分类树状图

3. 借流程图，看三维——动态化

　　班主任的工作不是一蹴而就的，往往需要长远来看，把一个事物看作一个系统，因果是相互影响的。事物有不变的地方，也有一直在变的地方，事物的优先级也随着时间而不断变化，所以到了一定时间和遇到一定事件以后，联想力、整合力便又无法解决当前难题了，此时，班主任的系统能力、预测能力、判断能力、推理能力、优先序列等各项能力，就要"被迫"登上舞台了。

　　像遇到节日活动策划、春游安排等，严谨的思维能帮助我们厘清事物的发展顺序，方便查漏补缺，流程追踪，一步一步走得更远，走得更好。

　　以班级一日管理流程图为例，按照学生从入校到离校的时间顺序，展开班主任管理工作，思路清晰，每一个流程单独拎出来都具备动态性和可操作性，这就完成了从二维——整体到三维——动态的思维过程（图5-3），用过去现在未来的时间轴看待事物。

4. 借矩阵图，看四维——可视化

我们的思维达到三维——动态以后，离四维就不远了，四维是由无数个三维构成的，将一个事件看作是有无数个大脑连接运作的集合体，这些大脑并不是冲突的意念，而是有着共同的使命与愿景，在框架下不断完善不断进步，同时，打破大脑的边界，构建起全局观的认知体系，在解决问题时，会让我们更加高效直观，适应能力也随之提高。

在工作中，从本质入手，多维视角，用事物本质去推理，360度考虑不同角色、对立视角可能会思考和在意的关键点，进行综合评估分析。学会用系统性的眼光，长远地看待问题，从而建立自己的全局观。当然内在的思绪再波涛汹涌，也无法完全被展现，为了达到思维可视化，我们还是用图表说话。

以每个班主任都会思考的问题——班级岗位管理为例，在进行展示时我们要考虑哪些问题呢？我认为核心是务必做到细化细化再细化，尤其是在小学低段。举例来说明三个常见问题：表5-1问题在于矩阵图太过简略，诸多重要信息是缺失的，如管理内容、管理时间等；表5-2问题在于一岗多人，分工不明，容易出现职能不清，责任推诿，工作懈怠的问题；表5-3主要问题在于工作职责内容涵盖过多，对如何进行管理也没有做出明确要求，对岗位做不到细化，就意味着管理落实不到学生个人。

表5-1　班级岗位管理1

序号	学生	岗位（可以一人多岗）	序号	学生	岗位（可以一人多岗）
1	王××	图书管理员	25	张××	投影仪管理员
2	李××	水杯管理员	26	赵××	眼操管理员
……			……		

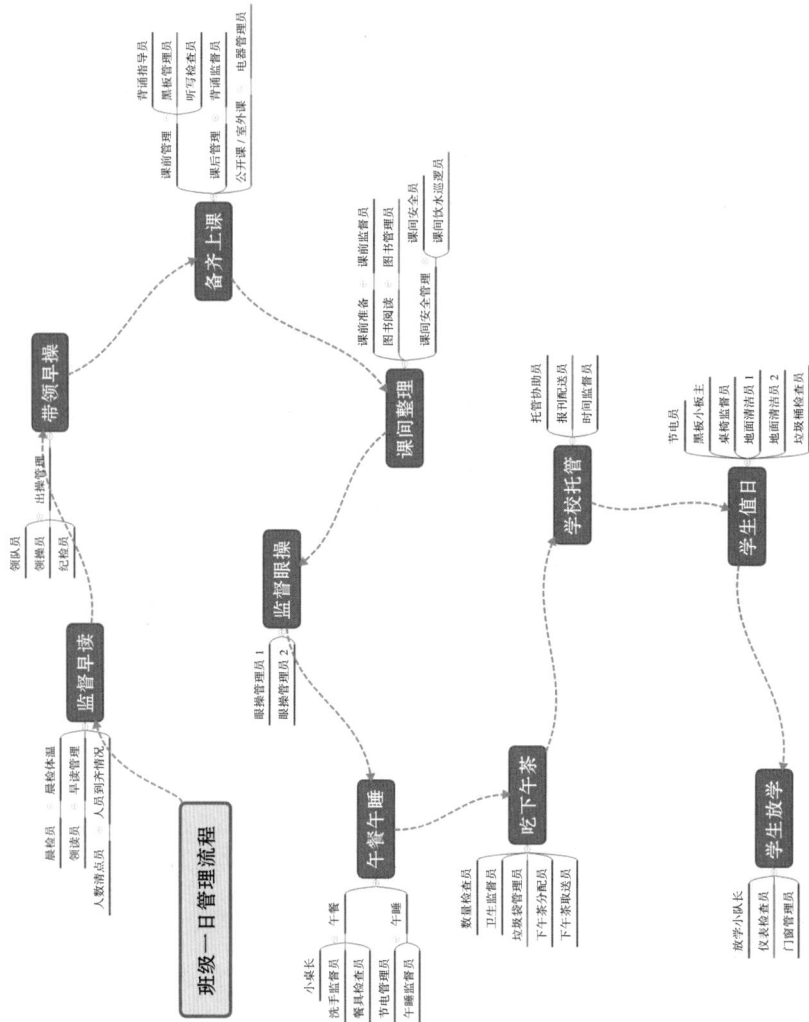

图 5-3 班级一日管理流程图

班级一日管理流程

监督早读 —— 晨检员 · 领读员 · 晨检体温 · 早读管理 · 人数清点员 · 人员到齐情况

带领早操 —— 领队员 · 领操员 · 纪检员 · 出操管理

备齐上课 —— 课前管理 —— 背诵指导员 · 黑板管理员 · 听写检查员 · 背诵监督员 · 电器管理员 · 课后管理 · 公开课/室外课

课间整理 —— 课前准备 · 图书阅读 · 课间安全管理 —— 课间监督员 · 图书管理员 · 课间饮水巡逻员 · 课间安全员

监督眼操 —— 眼操管理员 1 · 眼操管理员 2

午餐午睡 —— 小桌长 · 洗手监督员 · 餐具检查员 · 节电管理员 · 午睡监督员 —— 午餐 · 午睡

吃下午茶 —— 数量检查员 · 卫生监督员 · 垃圾袋管理员 · 下午茶分配员 · 下午茶散送员

学校托管 —— 托管协助员 · 报刊配送员 · 时间监督员

学生值日 —— 节电员 · 黑板小板主 · 课椅监督员 · 地面清洁员 1 · 地面清洁员 2 · 垃圾桶检查员

学生放学 —— 放学小队长 · 仪表检查员 · 门窗管理员

194

表 5-2　班级岗位管理 2

岗位名称	岗位人员	岗位名称	岗位人员
扫教室	王××、李××、张××、赵××、蔡××	擦教室窗台	丁××、李××、张××、刘××
擦桌子	丁××、李××、张××、刘××	拖教室地面	丁××、蔡××

表 5-3　班级岗位管理 3

职务		负责人	工作职责
学习岗位	语文课代表	张××	收发语文作业本、提醒同学完成作业、发布作业信息、协助老师进行阅读活动
	数学课代表	赵××	收发数学作业本、提醒同学完成作业、发布作业信息、交流解决学习中的问题
	……		
生活岗位	黑板管理员	王××	负责每节课后黑板卫生，按情况开关电脑
	就餐管理员	李××	提醒学生有序进餐、不浪费饭菜，餐后放椅子、整理桌面，光盘行动
	……		

怎样做到清晰明确呢？除明确一人一岗以外，我认为还有几个要素不可或缺：在什么时间进行管理？岗位具体是做什么的？怎么一步一步完成这个工作？是口头还是需要行动？是警告即可还是需要记录？出现问题向谁反馈？管理者生病或有事请假了怎么办？

如班级岗位查询目录表（表 5-4）：第一列岗位名称，岗位的设置越细化越好，如在早读管理中，细化为人数清点员、晨检员和领读员等；第二列主要管理人；第三列岗位内容和第四列的管理时间，要做到可以执行和明确清晰；第五列管理方式，不同管理内容，管理方式可以多样化，如口头提醒、带领背诵、表格记录等；第六列反馈时间，在规定时间内完成管理并保证管理的时效性；第七列顶岗人，如果出现管理员生病或者有事请假，岗位不能空缺，确保有人顶岗。

对学生来说，一张清晰明确的表格，可以让班级管理变得清楚明

表5-4 班级岗位查询目录表

班级岗位查询目录（××人）

岗位名称	主要管理人	岗位内容	管理时间	管理方式	反馈时间	顶岗人	岗位层级负责人
人数清点员	何××	人数清点	早上到校	表格记录	出操前进行汇报	王××	早读管理 早读小队长
晨检员	丁××	测温记录	早上到校、中午午休	表格记录	出操前	何××	
领读员	王××	早读、课前古诗	到校后-早操前	口头提醒	午休前	李××	
领操员	何××	带领做操	早操	口头提醒	早操后	王××	早操管理 早操小队长
早操领队员	王××	领队	早操	口头提醒	早操后	何××	
早操纪检员	赵××	做操纪律	早操	口头提醒	早操后	李××	
黑板管理员	李××	课前、课后擦黑板	每节课前、课后	动手操	放学前	李××	备课上课 备课小队长
古诗领背员	何××	课文背诵	上课铃声响，领背古诗	带领背诵	放学前	何××	
课前检查员	王××	课前学具准备	课间10分钟	口头提醒	放学前	丁××	
眼操管理员	何××	管理眼操	两次眼操时间	口头提醒	放学前	李××	
图书角角长	李××	记录图书的借出和归还	课间10分钟	表格记录	放学前	何××	课间管理 课间小队长
课间安全员	何××	检查课间奔跑、打闹情况	课间10分钟	口头提醒记录	可劝阻：发现-劝阻 不可劝阻：马上汇报	李××	
……							

班主任
- 岗前培训
  - 做什么
  - 怎么做
  - 出现问题怎么办
  - 管理员岗向小队长汇报
- 反馈流程
  - 小队长向班主任汇报
  - 汇报

白，做到心中有数，管理有度。

　　"班主任"这份工作不仅需要感性，更需要理性思维；不仅需要情怀，更需要智慧。肖川教授说，"教育就是一个不完美的人带着一群（一个）不完美的人寻求完美的过程"。"班主任"就是这样一份需要时时刻刻全方位考量的工作，我们在付出时间和精力的同时，要学会用一时的"勤奋"换取长远的"偷懒"，有意培养自己的思维模式，寻找有效的思维方法。在这个过程中，借助思维导图，将内在的思想转化为清晰的外部呈现；将工作内容变得具体化、可视化；将科学有效的工作经验用另一种方式传递下去。到那时候，许多宝贵而神秘的独家经验，再也不是"只可意会不可言传"了。

🖤 坚守：红玫瑰和白米饭

似乎有越来越多的人不愿意做班主任，又忙又累又烦不说，冷不丁的投诉，总让人捉襟见肘，难以应付。风起于青萍之末，浪成于微澜之间，像我这样人至中年，仍乐此不疲地坚持做德育导师的，估计不多了。

于是有人问我：为什么？

细想一下，缘由还颇多。

教育是一场度己度人的修行

每个孩子都是一粒种子，

只是花期不同。

有的花一开始就灿烂绽放，

有的花却默默无闻。

也许你的种子永远不会开花，

因为他是一棵参天大树。

每到教师节，我的脑海中总会浮现恩师张和安先生的身影，虽他离我们远去已有近 30 个年头。但先生的音容笑貌至今仍清晰地印在我脑海中，永远不敢忘怀。

记忆中先生常穿一件中山装，一般是两种颜色，非黑即白。鼻梁上架着一副黑框眼镜，腋下常夹着一本书或杂志，另一只手走起路来则有力地摆动着，似一道风景穿行于四季花开的校园。那时候，他教我们英语。一门并不讨人喜欢的课程。可是他那严谨的教风，常常让我们丝毫不敢懈怠。

每天的早自习，还没等我们坐好，他早早就在窗外巡视了。你如果不用心背单词，他肯定会伸出两指，戳戳你的鼻尖。为了督促我学习英语，他额外指定我于每天的早晨必须到他身旁去背诵课文。所以，一旦他的身影出现在窗外时，我就如条件反射一般，捧起英语书，一路小跑到走廊上，战战兢兢地开始一天的背诵。于是我的背诵声也一如既往地回荡在走廊上。而他也会眯着眼睛，静静地听着我的每一个发音，对错误之处进行逐一纠正。如遇到背得不甚流畅，则将书扔回，勒令熟读后再去过关……我就是这样，在先生的耳提面命之下，度过了初三的最后一个学期。

"他们可能会忘记你讲过的话，但他们永远也不会忘记，你曾带给他们的感受。"那时的考试是相当普遍，三天一小考，十天一大考。所以，每次英语试卷发下来的时候，我都会发现试卷上，先生对我的错题，已经细心地标注出错误的原因。白色试卷上留下了一大片红色的标注。望着满纸的红批注，我感觉自己应该更用心，方能不辜负先生的一片苦心。

那年毕业的时候，我给先生挑了只保温杯，朴朴素素其貌不扬，一如先生的作风。接过杯子时，先生貌似很意外。或许在先生的心中觉得自己所做的一切都是理所当然的，根本无须学生的额外挂念。那时的我一时口拙，曾在心中念了无数遍的话语，竟被忘得一干二净，只说了声"谢谢！"便自顾自地跑开了。自此留下此生莫大的遗憾。

或许受了先生的影响，高考填写志愿的时候我毫不犹豫地选择了师范。当我想把在大学里获得奖学金的喜讯与先生分享时，姐姐却告诉我先生得了白血病，怕是大限将至。

于是在一个盛夏的早晨，我敲开了先生寝室的门。那时的先生已经病入膏肓，人瘦得不成样子，戴着口罩，满头乌黑的头发已经剃光，双眼深陷，但他的眼神中流露出的那份淡定与卓然，仿佛早已看透了生死，了无牵挂。先生并不避讳自己的疾病，豁达地开玩笑说："自己在和死神扳手劲。"那一天，先生十分健谈，与我分享了与疾病抗争的诸多琐事。听师母说，他还拒绝了校方发起的募捐活动，感觉不能因为自己的疾病给同事、给学校添乱。他身居一校副职，未见其为自己谋私利；他从教三十余载爱生如子，却从不苛求半点回报。

所以，从教二十余载我一直以先生为楷模，从教之路，就是一条度人度己的修行之路。当我们启迪童真、激发心灵时，我们彼此的心里也会有很多东西在悄然滋长，我们在这条路上将收获一个日趋完善，日益成熟的自己。

尝试着将学校要做的事变成自己想做的事

孔子将人的行为分为三等："或安而行之，或利而行之，或勉强而行之。"翻译过来是说：从本心出发，自觉去做一件事；为了利益采取行动；被人逼着采取行动。

我们常会去完成学校要求完成的任务：家访记录表、学生谈话记录、德育小组活动记录、班级工作总结、问题学生跟进记录……人的内心深处总觉得是被动的，事情多了烦了就会有一些不情愿，牢骚产生。我们要学会转化，将一件应该做的事情，变成一件你想要去做的事情，做这件事本身就能感受到快乐，那么持续行动的可能性将会大大提升。

从推行德育导师制以来，学校要求各班组建德育小组，以学期为单位各小组开展不少于 3 次的小组活动。不少老师觉得很痛苦，一方面平时的教学任务已经够繁重的；另一方面再加上双休日的小组活动，无异于另一种意义上的"加班"，而我却将其作为家校互动的绝好良机。每学期确定德育小组的活动主题，各德育小组根据主题设计活动方案，争取每月举行一次小组活动，促进家长之间育人理念的交流与探讨。而我择其有代表性的活动，躬身入局，适时指点。每一次的小组活动，因为有教师的参与，让家长们感受到学校对家庭教育的重视，提高活动的关注度，同时每次的活动更成为教师与家长增进彼此了解的契机。家校的氛围和谐了，所谓的"矛盾"自然消减。

又如带班，因为顶着一个"名班"的头衔，往往难带的班就会交到你的手上。有些老师就会牢骚满腹，很不开心。其实唉声叹气并不能解决问题，除了自己心情不好，也容易把这种情绪带给家人和学生，负能量就像流感一样流行。此时，不妨换个心态，把问题看成课题，将学生当作自己研究的资源，最后成全了学生，也成就了自己。

我要重点强调：追求快乐，只是将情绪设计和行为设计进行结合，绝对不是说让我们舒舒服服地做事情，改变从来都是需要忍受辛苦的，但同时有快乐和充实。

只是我们要让积极情绪发挥积极作用，这样才能让我们更容易产生积极行为，以及积极的思维方式，然后反过来又产生更多的积极情绪，从而可以忍受更多辛苦的事情，做成更困难的事情，与此同时，我们会获得更大的成就感。

唯有热爱，方抵岁月漫长

我曾有过一段"为写而写"经历，看着别人文章一篇篇相继发表，眼中往往会流露出无限的"嫉妒与羡慕"。我终于咬了咬牙，决定开启一段苦行僧般书海扬帆的日子。我将能收集到的所有学科杂志都堆砌在案头，夜深人静之时一篇篇细读，遇到昏昏欲睡之时则以水沃面，即使冰冷刺骨也不退缩。遇到精彩处，赶紧用醒目的笔批注出来，遇到留白处，则附上自己探索的线索，成为自己著文的选点。这样的日子不长，只是短短的三个月，但刊发的文章却有十余篇，甚至受邀将这段功利的追逐进行了分享，着实令人汗颜。

今天将这段往事曝之于众，只想说明一点：你的时间花在哪里，你的成就就在哪里。所有的成功必来自长期的热爱与坚持。

我相信每个年轻教师走上讲台前都踌躇满志，信誓旦旦，将来我一定做一位受学生喜爱的教师。一旦走上讲台，他们开始纠结是微笑着还是严肃着，他们开始考量如何建立自己的威信，如何管住自己的班级。

渐渐地，在时光匆匆里消磨了耐心，理想的师生关系仿佛红玫瑰，久而久之，便成了墙上的一抹蚊子血；梦想的师生情感仿佛白玫瑰，渐变成衣服上的一粒饭渣子。当年的热血满怀、豪情万丈蜕变成无尽缠绕于心的倦怠感。

要想让田地不长野草，最好的方法是种上庄稼。热爱与坚持，专注和快乐，日积月累都会化成一种情怀，一种自我的满足。

朱永春老师在2006年荣获浙江省教育年度新闻人物时，曾分享他的获奖感言："我一直认为教师要有超越评价体系以上的追求，才能不为功利所羁绊，才能触摸到教育的本质，才能使我们原本养家糊口的职业升华为事业，让灵魂进入自由的境界，幸福就离你不再遥远。"希望我们人人保持对教育的热爱，做幸福的教师！

突围：遇见更美好的自己

作为一名一直默默耕耘在教育第一线的班主任，省中小学班主任基本功比赛是我迄今为止参加过的最高级别的赛事。虽之前也拿过不少省级奖项，但都比不上这次省中小学班主任基本功大赛，让人深有感触。从 9 月 17 日接到市赛的通知，至 10 月 17 日完成省赛，掐头去尾正好一个月。在这一个月中，自己也经历了一次次难能可贵的蜕变。

懵懂的市赛，邂逅拐角的惊喜

对于参加市班主任基本功选拔赛，从内心而言我几乎不抱什么奢望。因为同行的优秀者如过江之鲫，其中不乏上届省赛二等奖的斩获者，能与他们一起参与这项活动，对自己而言是一次难得的经历。

时光波澜不惊地流淌着，复习迎考的工作也有条不紊地进行着。因为时间比较紧凑，我将复习重点安排在背诵《中小学德育工作指南》等相关文件及熟悉历届省赛的试题上。这几乎没有什么终南捷径，你必须花心血啃下这些硬骨头。

9 月 27 日、28 日，宁波市班主任专业发展指导中心聘请专家对我们进行了专业性的辅导，从理论到实践，从宏观到具象，使我们对省基本功大赛有了最初的建构。难能可贵的是，宁波市的名班主任悉数上场，对我们进行点对点的情景模拟训练。尽管是短短的两天，却让我有种茅塞顿开的感觉，那是一种阅尽千帆后豁然开朗的顿悟。

29 日进行的是市级层面的选拔，上午笔试，下午面试。面试时抽到的是关于班级微信群管理的题目，里面涉及的问题林林总总，诸如家校沟通、正面引导、批评方式等不一而足。于是在做了简单分析后，我从"关系"入手，从三个层面进行了剖析，简单明确，纲举目张。事后发现，竟成了那日面试的最高分。

面试向来是我的短板，能有如此突破，应该得益于严密的语言组织。试想一下，零碎的言语敲打与自成体系的观点表达，你更喜欢哪一类？答案不言自明。逻辑性是语言整体表达的灵魂，也是整个语言表达中最高层次的要求。一旦缺少了逻辑性，语言的准确性、完整性、灵活性、丰富性都将无法实现。因而，语言的逻辑性也成为面试中的一个重点考量因素，它将直接影响到评委对参评者的印象和评价。同时，还要注意对语言的灵活运用，既不能过分依赖生活化语言，也不能一味地堆砌教育学、心理学术语，要做到舒缓有致，抑扬顿挫，从容大气。

逆袭的省赛，得益于寂寞的修行

十月的杭州，满城桂雨。

组委会将比赛场地安排在大运河畔的百瑞酒店，夜幕深沉，桨声灯影，景色迷人。而10月16日、17日这两天，我感觉到了前所未有的压力，夜不能寐，因为那殷殷期盼的目光一直让人难以忘怀。

第一天的笔试就让我狠狠地摔了个跟头。判断题出其不意，复杂的题干总让人举棋不定。导致的直接后果就是主题班会设计时间严重不足。在最后15分钟龙飞凤舞地仓促完成了班会设计的最后两个环节。当考官来收试卷的时候，我还铆足劲儿拿着橡皮在拼命擦线条。可以说笔试一结束，整个人都彻底懵了。还记得茅姐说过："要想笑到最后，比赛中的每个环节都不能有瑕疵。""出师未捷身先死，长使英雄泪满襟"，一月的辛劳换来的是一夜的懊恼，感觉自己似乎陷入了泥淖，不知如何是好。

或许是看到我微信中更新的状态，晚饭后收到了师父的简讯："能参赛，你已经够优秀了。空杯心态！相信你面试的细心与实力。""大家长"教育学院的张老师不断宽慰我……蓦然发现，有时置之死地，反而卸下了多余的精神包袱。

记得区德育研究中心的朱老师曾告诫过我们："所有理论背后，一定要有切实的实践依据，切不可空对空！"于是在昏黄的灯光下，我如老僧入定一般，静思自己班主任工作的历程：南瓜屋、班本课程、首席座位、班级刮刮卡、德育小组……十九年的教育生涯浓缩成了一个个关键词，在眼前闪现并流诸于笔端。果不其然，第二天面试时曾经做过的努力，成为我阐述班主任理论的最好注脚，给评委老师留下了深刻的印象。只有属于自己的东西，才能如此信手拈来而毫不生分。

至于个性特色，不必刻意去揣摩考官的心思喜好，如果确实有自己独特的见解和处理方式，不妨大胆说出来，只要能够自圆其说就行。

不忘的初心，永不落幕的尾声

归程。

汽笛声声，挥手道别！

去时一个人，归来一群人。

有时候，我也会追问自己为什么会选择班主任？兜兜转转快二十年了，做过德育主任、教研组长，甚至两次婉拒了领导抛出的橄榄枝。或有人谓之傻，或有人称之愚，但内心的宁静是任何东西都无法比拟的。

课间，捧一杯清茶，走在洒满阳光的走廊上，与一张张神采飞扬的笑脸擦肩而过；或者与窗外的小景融为一体，春赏红花夏听雨，秋有桂香冬看雪，穿过四季，观我自在；或者伏于案上，拜读一篇篇稚嫩的涂鸦之作，在字里行间中感受流年最好的光阴。这次的大赛经历，更坚定了我的初心，明白自己该做一名怎样的班主任。

——具备扎实的知识功底。腹中空空何以口若悬河、旁征博引？因此，扎实的知识功底、敏锐的观察判断力、严谨的逻辑思维能力，既是一个合格教师的基本条件，也是教师应追求的目标。而这一切只有通过不断地学习，自我充实才能做到。

——具备广泛的兴趣爱好。陆游曾经说过，"汝果欲学诗，功夫在诗外"，意思再清楚不过，要想写得好诗，不单单是在诗词本身下功夫，还得要练好"诗外功"，培养博大精深的修养，多去学习专业以外的其他领域知识。

——具备健康的心理素质。心理状态如何直接影响行为表现，也就是说影响临场发挥的质量。在面试现场，如果心理处于紧张状态，大脑思维必定是僵化的，很难积极地进入状态，非但不能即兴发挥，可能还会表达不出已准备好的内容。

——具备应变的思维状态。"平静的海面练不出精悍的水手，安逸的生活造不出时代的伟人"。要想招架住评委凌厉的提问攻势，你必须注重应对能力的培养。时常在心理上、精神上进入"一级战备"状态，才能做到有备无患。

互助：从"黄世仁"到"经纪人"

从 2019 年成立区名班主任工作室，2023 年成立市名班主任工作室，一晃我的工作室也即将走过五年的春秋，工作室也逐步稳健发展。现在我的工作室有学员 61 名，涵盖宁波的七个区县市，要说不辛苦是假的，因为毕竟在日常的教育教学之余又多了一件事。我感觉在人生的下半场，有了自己的"一亩三分地"，是忙碌的更是充实的。

如果用一个词来形容我们的工作室，个人觉得可以用"三无"来概括，虽有戏谑的成分，但也相当妥贴。

何谓"三无"，答曰无场地、无制度、无期限。

一曰无场地，因条件限制，几乎没有哪个会议室能容纳 60 多人，如果有恐怕只有报告厅。因此，工作室没有一个空间的概念。组织活动，只能在不同的学校辗转轮换。但也正因为这种情况，让工作室走入更多的学校，结识更多有志于班主任这一专业发展的教师。

二曰"无制度"，我们没有所谓的"制度上墙"。阳明心学指出"最好的制度是逼人致良知"，人的趋利避害是与生俱来的，制度的约束，大道理的作用，有时是微乎其微。作为工作室，它的组织架构是松散的，更应注重学员内驱力的激发，你只有自己产生强烈的成长诉求，才会珍惜学习的机会，把其当成自我提升的契机。所以当工作室很多活动都安排在周末时，大家几乎没有什么怨言。真要整出几句话、几个词，个人感觉"来去自由"是我们工作室的特色。

三曰无期限。很多学员第一期在，第二期仍旧在，因为他们喜欢这种氛围，一种很纯粹的感觉。但我却希望他们能走出去，不要拘泥于一家之言，能汲取众家之长，邂逅更多的同行人。

工作室刚成立的时候，我感觉自己干着讨债公司的勾当：催、逼、讨。催交作业，逼着学员们立下 flag，讨要材料，就如《白毛女》中的黄世仁，终日不得闲。虽然你打着"为了你们好"的幌子，但学员们体验感肯定很差，长此以往必将"相看两生厌"。

如何实现双赢，如何从"相看两生厌"到"相看两不厌"，实现工作室的华丽转身，管理大师德鲁克给出了答案：管理的任务就是将各种人汇集到一个"命运共同体"中，所以在管理中就深深地镶嵌着文化的因素。我觉得我应该以经纪人的模式来运作我们的工作室。

我们先来看看作为一名合格的经纪人首先应该做些什么？根据百度给出的答复，通过梳理将其归纳成六大任务：策划和谈判合同、推广和市场营销、行程和日程安排、财务管理、建立人际关系、职业发展规划。基于以上的考量，我将班主任经纪人这个全新的角色，粗略分成职业发展规划（新秀、骨干、名班三大发展序列）、策划研修课程（带班育人两项核心技能修炼）、推广营销（班主任茶座、家长书房、60秒说教育、"我是班主任"四个展示平台）、资源管理系统（"3W"三大支持系统）四个任务项，运用三大效应，引导班主任转变理念，将工作室简单的师徒结对，转变成双向奔赴、相互成全的互惠关系，将更多的隐形的实践性知识，转变成显性的知识。

1. 咸鱼效应：让每个老师被看见

工作的价值是什么？作家阿兰·德波顿在《工作的迷思》一书中给出的答案是：①要有经济报酬；②要有成长价值。让学员在日复一日的重复中寻找新鲜感，获得成就感。如何让每一条咸鱼努力翻个身，埃里克森的人格阶段理论告诉我们，最好的方法就是让他们被看见，获得一种满足感。

我师父是原宁波市人民政府督学，原鄞州区教科室主任舒家华老师，他曾在 2013 年的《上海教育科研》杂志上发表过一篇文章《示弱·忽悠·折腾——教育艺术新理念的三大境界》，对当时的课堂改革进行了深入的研究。受师父的启发，我提炼出唤醒"咸鱼"班主任的三招。

第一招：示弱，锻炼学员的自主学习能力。工作室教师经常会请我修改论文，在完成布局谋篇，逻辑主线的梳理之后，我就将球踢还给他：某老师，接下去我可能改不出了，我推荐你读读相关的几篇论文，自己揣摩着写一写。写完后再给我看，我可以做你忠实的读者。

钟公庙实验小学的张晓峰老师，想参加2023年"黄浦杯"长三角城市群"失败与创新"征文比赛，她当时写了初稿我很不满意，于是我建议她另起炉灶，写一写当下教育的痛点问题即关于课间十分钟的问题。这一话题从2022年开始我就一直在思考，看到学员有需求，便推荐给了她。于是她前前后后写了大半个月，每一次交稿都临近凌晨，我简单看过指出问题，如何解决就交给晓峰自己去思考。谁曾想她的这篇文章获得了长三角征文的二等奖，这对一个普通的班主任而言是十分不容易的。后来这篇文章又发表在《班主任之友》上。每一次晓峰老师写文章，一般先由我把握方向，再以读者的视角引导其感悟修正。虽然过程有点慢，但让文章言之有物，现在她已经是我们区小有名气的写作型班主任。

第二招：忽悠，一种引导和激励。创造机会，带着我们的学员在每一个平台亮相。一般我会如此这般"怂恿"他们："这次的机会蛮好，只要稍加准备即可。我建议你去试一试，如果需要支持尽管提出来。"我们的老师往往有种畏难情绪，缺乏挑战未知的勇气，往往言未出，结局已演千百遍；身未动，心中已过万重山；行未果，假想结果愁不展。因此，我能做的就是鼓励他们大胆尝试，并竭尽所能提供一切支持。

于是，我们联手宁波广播电台做了期幼小衔接节目，与宁波市大学园区图书馆合作组织了场"班主任茶座"，面向全市家长做了期"亲子阅读的分享会"，承接了安徽省"国培计划"阜阳市骨干班主任跟岗计划、甬蚌教育合作帮扶计划……让更多的教师都成为闪闪发光的个体。

第三招：折腾，一种实践与体验的过程。对于班主任的成长，我向来坚持学科、班主任工作两手都要抓，所以要求我们学员不仅要提升自已建班育人的能力，更要在学科上有所建树。工作室的学员梦清老师，是一名初中的语文老师。突然有一天，梦清老师主动和我说"师父，我想参加心理优质课的评选"。我就回了 6 个字：需要什么支持？于是连夜给她打电话，通过资源置换的方式，请了名师陪她磨课。一路从区赛到市赛，最后获得市心理优质课一等奖。

在这个过程中，我如坚强的后盾，稳稳地站在他们身后，有时或许给不了太多的帮助，但总以煽动性的话语，诱导着他们往前走。些末的成绩，改变的是一种心态，营造的是一种氛围。怂恿着他们参加各项比赛，并用"骨干名班基本功，论文课题优质课，横批：重在体验"来激励他们。

或许有人会感到诧异，询问我的初心是什么？因为自己当初淋过雨，所以很想帮别人撑把伞，当年评选市名班主任的时候，因为需要大量的班会设计，工作室的老师一人一篇，为我提供了最原始的说课素材，而我只需在他们的基础上做进一步的优化即可，大大减轻了备赛的负担。聚是一团火，散是满天星，这真正体现了集体的力量。

2. 复利效应：让智慧实现众筹共享

复利，是银行计算利息的一种方法。利息除了会根据本金计算外，新得到的利息同样可以生息，因此俗称"利滚利""驴打滚"或"利叠利"。只要计算利息的周期越密，财富增长越快，而随着年期越长，复利效应也会越来越明显。

2022 年年底，因为参加市基本功比赛的选拔要设计一堂班会课，我心里想着这堂课既能观照生活，又能提升孩子的道德素养，将教育的意图很好地隐藏起来，在潜移默化中达成教育的目的。当时想到了一个主题就是露营。因为这个主题既契合当下健康的生活方式，又可以让学生通过项目化的活动有更多的参与感。于是组建了以丹维为首的中海团队，由陈燕萍、严琳榕、刘波、郑书逸一起参与磨课。经过几次试教后，2023 年 6 月，燕萍在区班会展示活动中牛刀小试，执教"我们去露营"获得了听课教师的一致好评，而丹维在市里进行了说课展示，更是取得了那场面试的高分。2023年10月，在浙江省第12届班主任基本功大赛中，我区选手厉玉立更是凭借此课获得班会设计单项二等奖，并一举斩获小学组唯一的特等奖。后来，工作室的新手班主任都会拿这堂课练手，学习如何上好一堂班会课，即让学生志趣兼得。因为携手共进，智慧众筹，一堂班会课烹制了现代版的"一锅石头汤"，让更多人从中受益，实现成果的共享。

3. 羊群效应：再小的力量乘以61都很明显

"羊群效应"，也叫"从众效应"，是个人的观念或行为由于真实的或想象的群体的影响或压力，而向与多数人相一致的方向变化的现象。无论是否有意识，群体观点的影响足以动摇任何抱有怀疑态度的人。所以通过工作室，让曾经观望的，发生动摇；让曾经"躺平"的，开始爬起来；让曾经随波逐流的，开始奔涌向前。于是我们在工作室内努力建构了三大系统：朋辈驱动系统——室本助力系统——自我成长系统。

什么人的成功最具影响力？当然是身边人，看到曾经不如自己的人发生了质的变化，蓬勃向上的状态就会影响周围的人。2022年年初浙江省教科院面向全省中小学教师开展了"家访中的育人故事"比赛，王璐老师获得了省三等奖。我当时特意在朋友圈嘚瑟了一番。其他老师看到含金量十足的奖状，满屏的点赞，在点赞的背后肯定难免羡慕。这就是工作室的朋辈驱动系统，让身边人成功的案例成为搅动一池春水的鲶鱼。

在6月份，省教科院开展了暑假的"家访中的育人故事"征文比赛，征文消息一出，老师们马上就有反应了。为了提高获奖率，这次的征文我全程关注，从定主题、撰写到后续的修改，甚至还邀请王璐进行获奖窍门的专题分享，这就是室本的助力系统。很幸运金秋九月，捷报传来，在全省的2976项评选出465项获奖案例，得奖率为15.6%。一等奖89项，我们工作室拿下5项，三等奖228项，我们也拿下5项。慢慢地大家深深体会到，要想工作室走得更远，你必须形成自己的核心团队，关键时刻你得依靠自己团队的力量。如前段时间的区基本功比赛，前面的三个文本，每个模块我们都有专人负责指导、审核，平时的训练采用"1+1"模式，即一个资深选手带领一名新手，进行面对面的辅导，而每周的集训我只负责考核，发现问题，让选手针对问题进行下一周的专题训练。

第三大系统即自我的成长系统，因为有了成功的经验，慢慢地教师对自己有了信心，他们开始重新规划自己的成长方案，不再是我追着他们，逼着他们成长，而是他们开始追着我，询问论文的修改意见，讨论自己的劣势改进方案……

"独行快，众行远"，是一句非洲谚语，意思是：一个人独自行路，没有负担与牵绊，心无旁骛，行走速度很快；许多人一起行路，则可以守望相助，共同克服困难，因而走的道路能久远。那么在工作室的建设过程中，作为导师更要学会如何让一个松散的团队锻造出凝聚力，从而达到百花齐放的绝美佳境。

第六辑

留在心底的

声音

　　教育需要一种甘之如饴的坚守。

　　每一个孩子都是一颗独特的种子，需要我们用爱心、耐心和智慧去浇灌、去呵护、去点亮。这些留在心底的声音，是我们共同的记忆和财富；这一场场的温情行走，更是爱与责任的不断延伸。

感怀：致敬我的老师们
——在第 38 个教师节庆祝活动中的发言

各位老师、各位同学：

大家早上好！又是一年长空鸣雁，又是一年芦花飞扬，又是一年桃李飘香，我们迎来了第 38 个教师节。在这个特殊的日子里，作为优秀班主任代表发言，我倍感荣幸。首先，请允许我向各位同人致以节日的问候！

教师是人类灵魂的工程师。教育的最高境界是不留痕迹的爱。作为教师要时刻警醒自己，要把爱的光芒播撒在每一个孩子的心田，要让每一个孩子都能从教师这里获得奋发向上的力量。印度诗人泰戈尔说："把自己活成一道光，因为你不知道，谁会借着你的光，走出了黑暗。请保持心中的善良，因为你不知道，谁会借着你的善良，走出了绝望。请相信自己的力量，因为你不知道，谁会因为相信你，开始相信了自己……"教师的幸福，就在于我们用爱激励了一个个孩子的成长。

永远忘不了，22 年前的那个早晨，我怀揣着一颗忐忑不安的心，在一双双新奇的眼睛的注视下走上讲台。从此，诗韵书香织岁月，粉笔无言写春秋，我开始人生的新征程。无论是初为人师时的第一句"上课"，还是学生的一声"老师您好"，都已成为我人生里最难忘的记忆，最珍视的时光。

回望我的学生时代，我很庆幸遇到了一批又一批治学严谨的老师，他们都堪为"大先生"的称谓。小学时期陈海甫老师教我的数学并兼任班主任，陈老师中等身材，脸上永远挂着微笑，用他鼓励的目光抚慰每个畏惧数学孩子的心灵。他的课永远是那么轻松，每一个数字都充满着灵性，让人沉迷其中。

每天清晨，他常骑着"二八大扛"的凤凰牌自行车，大声地呼喊我的名字并从我身旁风驰电掣地经过。这是属于我们师生间最为独特的打招呼的方式。那段时间，孩子们的头上总会长虱子，他总会在活动课时让我们挨个儿坐在教室门口，一个个帮我们用装有除虱药水的梳子梳理头发。有一次还调皮地帮我梳了个两角辫，惹得同学们一阵哄笑。因为有陈老师，回忆起物质贫瘠的童年时代，我总觉得闪烁着光芒，这种温暖足以慰藉我的一生。

初中的时候，对我影响最大的是英语老师张和安先生。为了督促我学习英语，他勒令我每天清晨必须到他身旁去背课文。所以一旦他的身影出现在走廊上，我会马上从座位上弹起来，一路小跑地迎上去。如果背得不熟练，老先生会生气地把书扔回来。正因为有了他的严格要求，我考取了理想中的高中。

我高中的历史是夏素贞老师教的。听她上历史课对我而言不亚于一场精美绝伦的精神盛宴，枯燥乏味的历史被她教得妙趣横生。有一次单元考试没有考到90分，被叫去谈话。夏老师半责备半惋惜地说道："好好去看一看，怎么会错那么多！"那布满血丝又充满殷切期望的眼神，让我深深自责。从此学历史再也不敢懈怠了……

他们让我深深明白，我的一言一行将会对我的学生的人生产生影响，也许很小，也许很大，也许会改变一个人的一生。

同学们，我们的一生会遇到不少老师，他们或严肃苛责，或幽默风趣，或苦口婆心，或妙笔生花……但他们是这世上除父母之外，为你操心最多的人。你成绩落后了，他比你心急；你生病了，他焦灼的神情让人记忆犹新。

再过两天就是教师节，但我们尊重老师不能只在9月10日这一特殊的日子里，应该留在同学们的心里，留在每个人的一言一行里。让我们铭记师恩，师爱我，我爱师，记着老师的谆谆教导，怀着老师的殷殷期盼，扬起风帆，用我们的实际行动报答老师的教导之恩，以满满的正能量为未来奠基。

敬惜：不再见
—— 致我的 2015 届的学生

窗外大雨如注，如泼如倒。昨夜一夜无眠，生怕在最后的时刻错过了什么，因为今天是送孩子们到初中报到的日子。刷牙、洗脸一蹴而就，轻轻掩上门就直奔学校。

今朝我似乎是来得最早的一个，学校的门禁因为停电敞开着。沿着学士台拾级而上，用力地推开中间的大门，正要离去心头似乎想到了什么，又再次转身将左右两侧的大门也逐一开启，仿佛在完成一个神圣的仪式，我的心头也因此释然了不少。

六年了，今天的他们将开启一个新的纪元。

三年后的他们，也必将捷报频传，阖家同庆！

沿着空荡荡的走廊，我步入了空荡荡的教室，总感觉此时的教室少了点儿生气。桌椅歪歪斜斜地相互倚靠着，黑板前散落着几个大小不一的纸箱，讲台上散乱地堆放着各色纸片，拉壁扇的丝带在晨风中凌乱地飘动……空气中混杂着一种粉尘的气息，让人平生一种恍若隔世的感慨。

我很清晰地知道，过了今天的 7：30 这里的一切将真地成为历史，603 班、604 班的大门将正式阖上，而我也将卸下两个班语文教师的重任回归平常。4 年光阴，1460 日，当我们还想继续往下读的时候，已是"曲终人散一惆怅，回首江山非故乡"。

这四年光阴如果真要凝练成词的话，我想只剩下"感谢"二字能表达我此时的心境。

感谢孩子们给年届不惑的我带来的快乐！因为与你们相处是快乐的，让我能不忘初心，永远童真。说真的给你们上语文课是一种享受，尤其是那专注的表情、求知的眼神……都给我留下了难以磨灭的印象。

才子王芃、二货朱若愚、渔民朱溢、学霸杨司南，还有崔雨诺、卢薛雯、夏春璐、王诺、张羽桐、房晓源、康佳怡、陈泓宁……你们带给我太多的荣耀，假以时日必成气候！岁月静好，现世安稳，真希望时光能在那一刻停留。

感谢孩子们给予我的关心！有人把教师比作红烛、春雨、春蚕，来歌颂教师对学生无私的爱。其实，在这四年中我也感受到了学生对我无私的爱。每天的走廊上，我能收获如百灵鸟般清脆的问候声，一声发自肺腑的"老师好！"让我如沐春风。每年的教师节、春节，我总能收到同学们亲手撰写的贺卡，亲自编写的祝福短信……字里行间洋溢着那力透纸背的情谊。嗓子沙哑的时候，我的办公桌上总会被贴心地放上一盒西瓜霜，在那一刻我的眼眶总会微微的湿润……这样的细节还有很多很多……我想说与孩子们朝夕相处的四年间我收获了满满的幸福。

感谢孩子们"忍"了我这么久。我自己的脾气并不好，眼睛里总容不得半点沙子。这个吹毛求疵的性格，既折磨了自己也折腾了学生。面对我劈头盖脸的臭骂，孩子们总能报以宽容与理解。我想这是出于一种信任，一种真挚的爱意！

同时，面对我苛求的目光，他们总竭尽全力，力求做得更加完美；面对我周末的习作退稿，大家总是埋头修改，毫无怨言；知道我分身乏术，大家总是极力配合，探索出一条行之有效的网络自学模式……想到前段时间参加听写大赛的王琪淋、陆家诚、陈靓、莫奕宸、顾凌骁、柴心妍，面对我魔鬼般的集训，都咬紧牙关坚持到底。尽管因为无法言说的因素我们与宁波市的决赛失之交臂，其实你们那无限失落的眼神也深深刺伤了我。但有时，真的没有办法。只要我们在过程中有所收获就可以了，只有笑到最后才是笑得最好！今后的路还有很长，我们应该勇敢地走下去。

随着指针的跳动，人渐渐地多了起来。因为有段时间没见了，同学间都有太多的话语要彼此倾诉。年轻稚嫩的他们永远都无法体会离别的愁绪，因为他们的世界总是充满着绚丽的色彩。汽笛声声，前行的列车即将启动，我们也将到站下车了。我将《青萌》（校报）逐一放在孩子们的桌上，平平整整的，就如展开的画卷。

窗外的雨骤然变急，劈里啪啦，像疯了似的砸了下来。担忧和不安开始写在孩子们的脸上，于是我开始忙着联系家长，准备改步行为用车辆接送。这是一群非常可爱的家长，也是另一种意义上的"81890"（拨一拨就灵），常常招之即来，挥之即去。六年来，他们为班级默默地耕耘、付出。前几日的毕业联欢，从选址、策划到最后的实施，他们都以高昂的情绪谋划着、参与着，深深感染着我。看着他们乐此不疲地忙碌着，如操持自家喜事般筹办着毕业联欢，一种庆幸感不由激荡在胸前。

雨越下越大，3班、4班的孩子们逐一上车，在家长的护送下直奔中学。一场雨中的艰难跋涉就此化解……

总有一种模糊的声音，让人没有余地地流转。

总有一些风景，让你薄弱而隐秘的忧伤一刻又一刻。

总有一些卑微的断章，你曾那么执着地俯瞰。

总有很多瞬间带给你令所有人都感动的成长。

当许多年后，在这样的夏日，我们是否还会想起彼此灿烂的笑容，那曾属于我们的豆蔻年华。留存一段记忆只是片刻，怀想一段记忆却是永远。让我们不忘初心，留守那一份纯真，期待再次相逢，你们纯真依旧。

感恩：在毕业联欢会上的发言

　　亲爱的同学们，我是如此幸运，六年前，大家选择我做你们的班主任。六年相处，2880 节课，115200 分钟，你们是我人生的十六分之一。在这二千多个幸福的日子里，你们帮我完成了无比美好的梦想；在这二千多个幸福的日子里，你们给我留下了无与伦比的美好。感谢你们的陪伴，让我觉得每一次推开南瓜屋的大门都充满了期待。

　　你们一定记得，我们三次深入军营，戴上头盔感受消防装备，夜宿军营体验生活，但你一定不相信这些稚嫩的脸庞是曾经的自己。你们一定记得，我们两次拓展，在浙东大竹海冒险，在天宫庄园里撒欢，但你们一定不知道爸爸妈妈们在幕后倾心付出。你们一定记得，我们跋涉了 8 公里的福泉山岗，丈量了 12 千米的美丽钱湖，但你们一定没注意我们的意志在脚步里淬火。你们一定记得，那个春天，我们在校园里挥杆高尔夫；那个秋天，在天一阁博物馆里探寻书的故事，但你们可能不知道那是老师想传递给大家一个美好的祝福——天行健，君子以自强不息。

　　你们儿时开的玩笑，我还记得。

　　一年级的俞子轩同学曾信誓旦旦地说将来长大了要娶我，可爱的黄志铺曾祝我清明节快乐，调皮的吴浩楷因为把鞋踢到了树上结果在操场站了好一会儿。上次参加朗诵比赛，我亲自上阵给同学们化妆，看着大家嫌弃的表情，其实我的内心也觉得无比好笑，仿佛干了一桩恶作剧……就像我们的班级建设目标一样，南瓜屋是一个有故事的班级。

　　毕业之前我一直在思考给大家准备一份怎样的礼物，后来想到了给每位同学准备一枚印章。印者，信也！开印即信，落印即忠，赠印希望同学们"言必信，行必果"，凡事有担当，事事有回应，做一个堂堂正正大写的人。

同时也感谢南瓜屋的家长们，六年来对班级工作的支持，有你们很温暖，众志成城，其利断金。感觉六年来没有我们班家长做不成的事，我们组建了德育小组，开展了有声有色的班本课程，我们承办了两次大型的中队展示活动……所有的这一切都证明我们是一个有爱的大家庭。也感谢我们班家委会的辛勤工作，默默付出，你们的努力是有目共睹的，这里向你们道一声感谢！谢谢，史上最棒的家长们！

过往，总是历历在目。很遗憾，最后的毕业聚餐没有亲自到场给大家送上最真挚的祝福。分班抽签的时候，大家第一次挂红领巾的时候，毕业拍集体照的时候，还有这次……总是因为各种各样的原因缺席，因为有遗憾，才会有完美，因为有缺憾，才会刻骨铭心。但是南瓜屋的班名，我会一直使用下去，你们是南瓜屋的第一届学生，若干年后还会有第二届、第三届，将来我们是南瓜屋大家庭。

亲爱的同学们，马上就要读初中了。我想到了用曹操的《观沧海》来勉励你们展开像大海一样的胸怀："日月之行，若出其中；星汉灿烂，若出其里。"想到了《孟子》有言："故天将降大任于是人也，必先苦其心志，劳其筋骨，饿其体肤，空乏其身，行拂乱其所为，所以动心忍性，增益其所不能。"想到了《孙权劝学》中吕蒙说："士别三日，即更刮目相待，大兄何见事之晚乎！"

今晚，我想把《礼记》里的《虽有嘉肴》和大家分享："虽有嘉肴，弗食，不知其旨也；虽有至道，弗学，不知其善也。是故学然后知不足，教然后知困。知不足，然后能自反也；知困，然后能自强也。故曰：教学相长也。"

亲爱的同学们，"一盏离愁，孤单窗前自鬓头。奄奄门后，人未走，月圆寂寞，旧地重游。夜半清醒泪，烛火空留"。我清楚地知道，佳宴三千，终有一别，万语千言汇成一句：你们的一生，我陪此一程，不忍言别，但车已到站，我将原路返回，你们远走高飞！愿你们在未来的岁月里做一个喜爱读书的人，做一个快乐健康的人，做一个负责任的人。不论顺境、逆境，成功、失败，请正视自己，相信自己，保持善良，保持努力，愿每一个同学都会用自己的智慧和才华获得更多的知识和快乐，绽放属于自己的精彩，描绘自己的灿烂人生。

最后，用你们四年级学习图形与几何相关知识时所用到的一句话结束我今天的发言：愿你们的生活像直线一样，无忧无虑无限美好；学习像射线一样，有始无终，一旦出发就勇往直前；为人处事像线段一样，有始有终，耿直仗义。

今天晚上，大家欢聚一堂，希望大家尽兴，开心！

期待：每一根草都会开花
——南瓜屋第一次全员家访记录

今年暑假的8月19日至8月27日，我满怀期望走访了103班绝大多数家庭（个别因为旅游、夏令营没有亲自入室家访，改用电话访问），足迹遍布邱隘、五乡、下应、东吴、梅墟等地。尽管酷暑难耐，但是看到孩子们一张张纯真的笑脸，家长那一双双期待的眼睛，虽是初次见面，但没有任何的陌生感与距离感。

我们班共有38名学生，其中男生22人，女生16人。这次走访的38户家庭，有14户属于租房家庭。他们中的绝大多数租住于简陋的一居室中，房子破旧逼仄，楼道昏暗狭小，除了床，几乎没有像样的家具，这样的生活环境让人唏嘘不已。班上的家长大多在服装厂、装修公司、机械厂工作，工作时间长、劳动强度高，只有35.46%的家长拥有大专以上学历。因此，大部分家庭对孩子的陪伴是不足的，电视成为孩子童年最好的"玩伴"。

在家访中询问孩子的特长，统共只有近10人有个人特长。个人觉得孩子的素质培养与家长的视野和生活圈子有着联系。因为人大都有从众心理，会追随周围人的脚步引导孩子参加特长的培养。但好多整日忙于生计的家庭，生活的"风霜雪雨严相逼"，父母除了工作还是工作，孩子大多托付给祖辈照顾，根本无暇兼顾他们的兴趣特长。

学校的口碑还是获得家长们一致的认同，交谈中家长由衷赞叹学校的办学严谨、成绩斐然，同时对孩子即将开始的小学生活流露出担忧与焦虑，怕自己的孩子适应不了小学生活，忧自己的孩子今后成绩不够出色。而这些是由于对未来的不可预知所导致的，我精心梳理了家长的诉求，主要集中在以下几点。

（1）对零起点学习的焦虑。因为学前教育的学习起点各不相同，希望老师能放慢脚步，让每个学生都能跟上学习的节奏。

（2）因为孩子比较胆小，希望老师能多给予机会，上课多请孩子发言，让他树立起自信。良好的习惯将使孩子终身受益，希望老师在幼小衔接阶段注重学生习惯的培养。

（3）一年级放学较早，希望学校开展丰富多彩的四点钟学校活动，让孩子能够根据需要进行选择，促进其全面和谐的发展。

（4）欢迎家长多与教师联系，建立密切的家校联系。

（5）中餐能做到花色搭配，质量高些，注意营养卫生。对于个别有特殊体质的学生，应加倍关注，多给予关心。

接到做 103 班班主任的重任时我还在旅游的途中，因为这是我第一次做一年级的班主任，深感自己任务重大。虽然自己已经从教 16 年了，但是帮助学生迈好小学的第一步，我知道自己还有很多事情要做。

很感谢家长的热情招待，让我有机会走进每个孩子的家中，去观察他们的生活环境，去深入地了解他们。"老吾老以及人之老，幼吾幼以及人之幼"，我要把别人的孩子当成自己的孩子，这样才能做好自己的工作。从 8 月 19 日开始陆陆续续走访了全班，我自己也深有感触。

1. 信任，家校联系的基石

学生及家长始终如一地信任教师，在信任的基础上，有什么风吹草动，教师都可以从家长或学生的口中准确地知道。这样，一方面教师可以时刻提醒家长平时教育孩子要注意方式，以免对孩子造成太大影响；另一方面，也能使教师针对家中要发生的大事，有的放矢地做好事前铺垫和事后处理的工作，避免孩子过大的感情波动。家访不是向家长告状，也不是让学生难堪，而是要与家长、学生在家庭这个特殊的环境中真心交流和沟通。

入学前的家访是十分有必要的，它有助于对学生进行全方位的了解。家访途中发现学生的优点就多夸奖几句，让学生在家长面前感到自豪，增强学习的信心；发现缺点，要善意地提示家长，教会家长用心管理学生。

今后我在家访中要常"报喜"，这样可以为后进生的转化创造良好的环境，家长也能正确地了解自己子女在学校的真实情况。如果在家访时，当着学生的面指责其过错，会对学生造成伤害，形成逆反心理，为以后的管理带来不便。家访的目的是关心、爱护、转化、教育学生，而不是因教师管教不了学生才去向家长"告状"，这无异于给家长送去一根"棍子"，学生回家不免要受皮肉之苦。这样做不仅解决不了任何问题，而且学生还会迁怒教师，不忘这一"棍"之仇，给下一步的工作制造障碍。

2. 交流，让彼此的心贴得更近

家访的目的在于与家长交流情况，交换意见，共同研究教育学生的内容和方法。家庭是孩子的第一所学校，父母是孩子的第一任教师。家庭对孩子身体的发育、知识的获得、能力的培养、品德的陶冶、个性的形成，都有至关重要的影响。多年的经验让我认识到，教育引导学生一定要与家长联系，双方只有同心协力，才能事半功倍，达到教育目的。

以前我班有个学生出现了成绩滑坡的情况，我多次做思想工作也不见效。于是，我就到他家去了解情况：父亲在外打工，母亲在家务农，家庭非常拮据。因为母亲读书比较少，不太懂得教育方法，考试成绩一旦没有考好就对他非打即骂，他的压力好大，对学习没有太多的信心，因此这个学期成绩一直不够理想，长此以往恶性循环，成绩明显退步。我耐心做家长的工作，并且委婉地指出她对儿女的教育方法不对。一两次没有考好不要一味地责怪，要对他多加鼓励，帮助他建立学习的信心。长达三个小时的交谈，终于说通了家长。回到学校后我从生活上、精神上关心这个男孩，他深受鼓舞，积极学习，他的母亲也没有像以前那样恶狠狠地打骂了，成绩有了显著提高。

3. 家访，让今后的教育有的放矢

教师去家访，和学生的距离拉近了，更有利于了解学生的生活、思

想。学生在学校如何表现，在家又如何表现，教师可以根据这些情况对症下药。在家长、学生、教师三方面对面的时候，这种直接的交流更容易使师生间产生信任感，沟通就进入了良性发展的快车道。现在的学生大多是独生子女，生活条件比较优越，经长时间的接触后发现，有些家长对孩子溺爱，在家里什么事都舍不得让孩子做，甚至学生自己的事都由家长一手包办，只要孩子开口没有不答应的。这样的学生在学习、劳动等方面都表现得比较懒惰。

通过对学生的家访，家长的某些观点悄悄地发生了一些改变，从而使家庭对教师工作的理解化为另一种教育行为，它与学校教育形成一股合力，推动学生综合素质的发展。此外，家访时，我也注意家长的精神状态、身体情况、家庭氛围等条件，并随机应变地调整访谈方式和内容。教师亲自上门家访也能让孩子们从心里体验到"荣耀"，尤其是学习差的孩子，他们往往得不到老师和同学的友谊，容易存在自卑心理，这样的孩子能把老师迎进家门做客，他们视之为"荣耀"，而这种"荣耀"能有效地激发他们潜在的学习兴趣。"兴趣是最好的老师，也就是最好的学习动力"，尤其是小学生，他们的学习动力绝大多数取决于对老师的喜欢。一旦喜欢老师，则学习的课程对他们就有无限的吸引力。由此就能形成良性循环，让孩子逐渐自信起来。

家访也给我上了一堂生动的课。因为一个学生在班上不过是几十分之一，很不起眼；而在家里，却是家长的百分之百，寄托了浓厚的期望。在家访时的交谈中，能深深体会到家长的期盼，我们的家长是多么望子成龙，望女成凤，总希望自己的孩子出类拔萃，因此对孩子要求比较严格，自然对老师的要求也随之提高，作为一名教师，深感责任重大，对今后的工作丝毫不敢有懈怠之心。平时真的要多钻研，多学习，不要辜负家长、孩子的期望。在家访中，出现了各种各样值得思考和需要解决的问题，细致入微地了解教育对一个学生有多重要，孩子的心灵是稚嫩的，是需要细心呵护与真诚关注的。无论是家长还是教师，让我们从繁忙的工作中抬起头，擦亮双眼，关注孩子，让他们及时感受自己的进步与成功，千万不要因为无意的漠视，伤了一颗期盼的心。

每一个人在生命开始之初其实都是一棵渺小而微不足道的"小草"。生命的长河是无止境的，每一个人在这段历程中都会发现：原来自己并不是只能做一棵纤弱的小草，原来自己也可以是一株成熟绚丽的花朵。